\내신공략! 독해공략!/

내공
중학영어독해

실력2

DARAKWON

내공 중학영어독해 실력 ❷

지은이 Michael A. Putlack, 류혜원, 원아름
펴낸이 정규도
펴낸곳 (주)다락원

초판 1쇄 발행 2017년 2월 10일
초판 8쇄 발행 2024년 7월 3일

편집 서정아, 서민정, 서나영, 김미경
디자인 더페이지(www.bythepage.com)
영문 감수 Michael A. Putlack

다락원 경기도 파주시 문발로 211
내용문의 (02)736-2031 내선 503
구입문의 (02)736-2031 내선 250~252
Fax (02)732-2037
출판등록 1977년 9월 16일 제 406-2008-000007호

ISBN 978-89-277-0789-9 54740
978-89-277-0783-7 54740 (set)

http://www.darakwon.co.kr
다락원 홈페이지를 방문하시면 상세한 출판정보와 함께
동영상강좌, MP3자료 등 다양한 어학 정보를 얻으실 수 있습니다.

내신공략! 독해공략!

내공
중학영어독해

실력2

DARAKWON

구성 및 특징

26 Personalized Ads

Economy | 190 words | ★★★

Q

Do you buy things
because of ads?

When you visit some websites, you probably see lots of ads. Do you ever look at any of them? Nowadays, you might see ads for products you are interested in. It may seem as if the companies were advertising specifically to you.

As a matter of fact, some companies are doing that nowadays. ① Thanks to modern technology, companies are using personalized ads. ② Social media giant Facebook uses one popular method. ③ It tracks its users' activities. ④ It notices what they do on their Facebook pages and what they "like" on other pages. ⑤ It also records which other websites they visit and what apps they download. Then, it directs ads to customers for products they might want.

Some people like this. After all, it's nice to receive ads for products that you might actually want to purchase. It's a great way to learn about products you might not know about. Others consider it an invasion of their privacy. They don't want companies to track their online activities. Like it or not, personalized ads are here to stay. And they will become even more common in the future.

GRAMMAR in Textbooks

as if[though] + 주어 + 과거형 동사: '마치 ~인 것처럼'의 뜻으로 현재 사실과 반대되는 내용을 가정함
He behaves **as if** he **were** the boss. 그는 마치 사장인 것처럼 행동한다.
(→ In fact, he is not the boss.)
Sally talks **as if** she **knew** everything. Sally는 마치 모든 것을 아는 것처럼 말한다.
(→ In fact, she doesn't know everything.)

Before Reading

1 개인 맞춤형 광고에 관한 글의 내용과 일치하면 T, 그렇지 않으면 F를 쓰시오.

(1) 개인 맞춤형 광고는 소비자가 구입했던 제품들을 보여준다. _____

(2) 개인 맞춤형 광고는 점점 증가할 것이다. _____

2 글에서 Facebook이 하는 일로 언급되지 않은 것은?

① It tracks the activities of its users.
② It notices what its users "like."
③ It records the websites its users visit.
④ It records the apps its users download.
⑤ It tracks the people its users meet.

3 다음 문장이 들어갈 위치로 가장 알맞은 곳은?

> How do they do this?

①   ②   ③   ④   ⑤

서술형
4 글의 밑줄 친 doing that이 의미하는 내용을 우리말로 쓰시오.

_____

서술형
5 글의 내용과 일치하도록 다음 질문에 답하시오.

Q: Why do some people dislike companies using personalized ads?

A: _____

Expand Your Knowledge

인터넷의 사생활 침해

2010년에 스페인의 한 변호사가 우연히 인터넷에서 자신의 이름을 검색했다가 과거 자신의 집이 경매로 넘어간 정보를 발견했다. 그는 이 정보의 삭제를 요청하며 구글 사에 대한 소송을 진행했다. 기나긴 소송 끝에 법원은 그의 손을 들어주었고 유럽에서는 처음으로 이른바 '잊혀질 권리(Right to be Forgotten)'가 인정되었다. 이것은 개인이 인터넷상의 자신과 관련된 정보의 삭제를 요구할 수 있는 권리이다. 인터넷과 디지털 시대의 도래로 '잊혀질 권리'를 주장하는 사람들이 늘어나고 있다. 그러나 정보를 삭제함으로써 표현의 자유를 제약할 수 있고 국가나 기업 권력에 의해 악용될 수 있다는 주장도 있다.

지문 이해도 확인

지문의 이해도를 높여주는 독해 문제와 내신 대비 서술형 문제가 지문마다 5문제씩 수록되어 있습니다. 지문에 따라 Summary 문제가 수록되어 있으며, Unit 마지막 지문에 대한 문제는 모두 영어로 구성되어 있습니다.

● **지문 QR코드**
QR코드를 스캔만 하면 해당 지문의 MP3 파일을 바로 들어볼 수 있습니다. 스마트 기기에 QR코드 인식앱을 설치한 후 사용하세요.

● **Expand Your Knowledge**
지문과 관련된 배경지식과 상식을 넓힐 수 있습니다.

After Reading

Workbook   Final Test

Unit별 주요 구문 복습

독해 지문에서 해석이 어렵거나 독해에 필요한 중요 구문만을 뽑아 복습할 수 있도록 정리했습니다.

Workbook
Unit별 중요 어휘, 문법, 구문을 다양한 문제와 새로운 예문을 통해 복습할 수 있습니다.

내신 대비 Final Test(온라인 부가자료)
Unit별 어휘, 문법, 독해 지문을 학교 내신기출 유형으로 풀어볼 수 있습니다. 시험을 보는 기분으로 문제를 풀어보세요.

목차

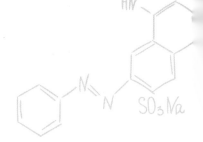

내신 교과 과정 문법 연계표

실력 1·2

	실력 1	교과 과정	실력 2	교과 과정
Unit 01	현재완료진행	중3	enable+목적어+to부정사	중2, 중3
	so that ~ can/could …	중3	have/get+목적어+p.p.	중3
Unit 02	cannot help -ing	중3	remember/forget+-ing/to-v	중3
	to부정사의 의미상의 주어	중3	used to+동사원형	중3
Unit 03	과거완료	중3	must have p.p.	중3
	It(가주어) ~ that(진주어) …	중3	cannot have p.p.	중3
Unit 04	should have p.p.	중3	관계대명사의 계속적 용법	중3
	접속사 whether/if	중3	접속사 as	중3
Unit 05	조동사의 수동태	중3	분사구문	중3
	It is believed that ~	중3	부대상황	중3
Unit 06	부정대명사	중2, 중3	복합관계부사	중3
	소유격 관계대명사 whose	중3	앞 문장 전체를 선행사로 취하는 which	중3
Unit 07	It seems that ~	중2, 중3	as if[though]+가정법 과거	중3
	either A or B	중2, 중3	접속사 while	중3
Unit 08	가정법 과거	중3	가정법 과거완료	중3
	I wish+가정법 과거	중3	suggest that+주어(+should)+동사원형	중3

Unit 01

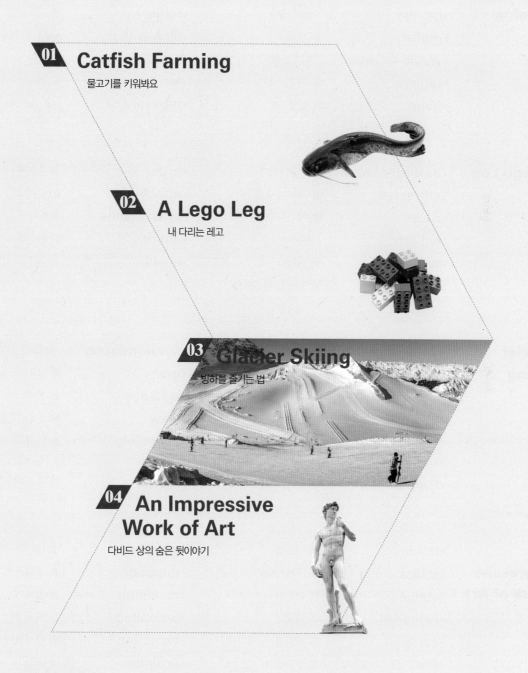

GRAMMAR in Textbooks

· enable+목적어+to부정사
His Lego leg **enabled him to stand** up though.

· have/get+목적어+p.p.
He **had the marble brought** to his workshop and started sculpting.

Unit 01
Words & Phrases ❯ 중요 단어/숙어 미리 보기

01
Catfish Farming

• freshwater	형 민물의, 담수의	• fertilizer	명 비료
• go -ing	~하러 가다	• fertile	형 비옥한
• prefer	동 선호하다	• fill A with B	A를 B로 채우다
• would like to-v	~하고 싶다	• net	명 그물
• require	동 필요로 하다	• feed	동 먹이를 주다
• pond	명 연못	• take care of	~을 돌보다

02
A Lego Leg

• be diagnosed with	~로 진단받다	• order	동 주문하다
• untreated	형 치료되지 않은	• attach	동 붙이다
• cause	동 야기하다	• after a while	잠시 후
• cut off	절단하다	• entirely	부 완전히
• toe	명 발가락	• enable	동 ~할 수 있게 하다
• get better	좋아지다, 회복되다		

03
Glacier Skiing

• glacier	명 빙하	• below freezing	영하의
• slope	명 경사면, (스키장의) 슬로프	• melt	동 녹다
		• distance	명 거리
• promote	동 촉진하다, 홍보하다	• view	명 경관, 전망
• altitude	명 고도	• incredible	형 믿을 수 없을 정도의, 굉장한
• climate	명 기후		
• temperature	명 온도, 기온	• matter	동 중요하다, 문제가 되다

04
An Impressive Work of Art

• marble	명 대리석	• solid	형 단단한, 견고한
• sculpt	동 조각하다	• missing	형 없어진
• statue	명 조각상	• condition	명 상태
• cathedral	명 대성당	• workshop	명 작업장
• carve	동 조각하다, 새기다	• complete	동 완성하다, 끝마치다
• fire	동 해고하다	• sculptor	명 조각가

영어는 우리말로, 우리말은 영어로 쓰시오. ▶ 단어/숙어 기본 연습

1	선호하다	p_____	21	untreated	_____
2	entirely	_____	22	먹이를 주다	f_____
3	distance	_____	23	attach	_____
4	기후	c_____	24	workshop	_____
5	solid	_____	25	온도, 기온	t_____
6	require	_____	26	slope	_____
7	주문하다	o_____	27	incredible	_____
8	경관, 전망	v_____	28	조각하다	s_____
9	야기하다	c_____	29	fertile	_____
10	enable	_____	30	그물	n_____
11	statue	_____	31	promote	_____
12	연못	p_____	32	freshwater	_____
13	녹다	m_____	33	altitude	_____
14	해고하다	f_____	34	sculptor	_____
15	matter	_____	35	발가락	t_____
16	상태	c_____	36	cathedral	_____
17	missing	_____	37	carve	_____
18	glacier	_____	38	대리석	m_____
19	complete	_____	39	after a while	_____
20	fertilizer	_____	40	cut off	_____

다음 우리말과 같도록 빈칸에 알맞은 말을 쓰시오. ▶ 문장 속 숙어 확인

1 _____ the glasses _____ the same amount of water.
   그 유리잔들을 같은 양의 물로 채우세요.

2 I hope you _____ _____ soon. 네가 빨리 회복되기를 바라.

3 What _____ you _____ _____ do first in Thailand?
   태국에서 무엇을 가장 먼저 하고 싶니?

4 Many people _____ _____ _____ cancer each year.
   해마다 많은 사람들이 암으로 진단받는다.

5 It is _____ _____ outside. 바깥은 영하이다.

01 Catfish Farming

Q

Have you raised fish before?

*Catfish live in freshwater areas all around the world. Many people love the taste of catfish but don't have time to go fishing. They prefer to buy catfish at stores. As a result, catfish farming is becoming popular these days. Would you like to try catfish farming? It only requires a few simple steps.

(a) First, you need a catfish pond. (b) It should be at least 1 *acre in size and be between 1 and 2.5 meters deep. (c) A pond is smaller than a lake. (d) After you have the pond, put fertilizer in it. (e) That will make the soil fertile, so water plants will grow. Next, fill the pond with clean water. Many farmers put nets around their ponds to keep animals such as snakes and frogs out of them.

Now, you're ready to add the fish. Buy small catfish around 4 or 5 centimeters long and put them in the pond. Be sure to feed them food twice a day. Over time, your catfish will grow larger. If you take good care of them, your one-acre pond will produce 1 ton of catfish every year.

*catfish 메기
*acre 에이커 (토지 면적 단위, 약 4,047m²)

1 글의 주제로 가장 알맞은 것은?

① Where catfish can live easily
② The best ways to catch catfish
③ Why people like to raise catfish
④ How to become a catfish farmer
⑤ What to feed catfish living in ponds

2 글의 (a)~(e) 중, 전체 흐름과 관계 없는 문장은?

① (a)   ② (b)   ③ (c)   ④ (d)   ⑤ (e)

3 catfish farming에 관한 글의 내용과 일치하지 않는 것을 모두 고르시오.

① 연못 깊이는 1~2.5미터로 한다.
② 수초가 자라도록 비료를 넣어준다.
③ 연못에는 바닷물을 채워준다.
④ 연못이 완성되면 다 자란 메기를 넣는다.
⑤ 먹이는 하루에 두 번 준다.

서술형

4 글의 내용과 일치하도록 다음 질문에 답하시오.

Q: Why do farmers put nets around their ponds?
A: They do that _____.

☑ *Summary* **Write the numbers in the correct order.**

Catfish Farming

- Fill the pond with small catfish.   _____
- Put some fertilizer in the pond.   _____
- Put a net around the pond.   _____
- Fill the pond with clean water.   _____

02 A Lego Leg

Q/ Do you know anyone with a handicap?

When Matt Cronin was 29 years old, he was diagnosed with *diabetes. Unfortunately, doctors believed he had gotten diabetes about 10 years earlier. As a result, Cronin went untreated for many years. This caused his body to develop several problems. One was in his leg. First, doctors had to cut off the toes on his right foot. His leg did not get better, so they cut off his foot next.   5

(A) One day, he was watching his wife and daughter playing with Legos. (B) But he had to wait for a company to make it. (C) Cronin ordered an *artificial leg to walk on. Suddenly, Cronin got an idea. He attached many Legos to one another. After a while, he had a very   10 colorful artificial leg made entirely of Legos. Although it was a clever idea, Cronin couldn't walk around on his Lego leg. His Lego leg enabled him to stand up though. So what did he do with the Lego leg? He kept it in his living room like a work of art.   15

*diabetes 당뇨병
*artificial leg 의족

GRAMMAR in Textbooks

13행 ▶ enable + 목적어 + to부정사: ~가 …하는 것을 가능하게 하다
enable 외에 want, expect, tell, ask, advise, warn, allow, encourage 등의 동사도 목적보어로 to부정사를 취한다.
The teacher **wants** us **to be** on time. 선생님은 우리가 제시간에 오길 원한다.
My friend **advised** me **to take** some medicine. 내 친구는 나에게 약을 좀 먹으라고 조언했다.
Bill's parents don't **allow** him **to dye** his hair. Bill의 부모님은 그가 머리를 염색하는 것을 허락하지 않으신다.

1 글의 주제로 가장 알맞은 것은?

① The dangers of diabetes
② Matt Cronin and his family
③ The best way to treat diabetes
④ Having fun playing with Legos
⑤ How a man got a new type of leg

2 Matt Cronin에 관한 글의 내용과 일치하면 T, 그렇지 않으면 F를 쓰시오.

(1) He got diabetes before he was 29 years old. _____

(2) His Lego leg was strong enough to walk around on. _____

3 (A)~(C)를 글의 흐름에 알맞게 배열한 것은?

① (A)-(B)-(C)　　　② (B)-(A)-(C)　　　③ (B)-(C)-(A)
④ (C)-(A)-(B)　　　⑤ (C)-(B)-(A)

서술형

4 글의 내용과 일치하도록 다음 질문에 답하시오.

Q: How did doctors first try to make Cronin better?
A: _____

서술형

5 글의 밑줄 친 <u>an idea</u>가 의미하는 내용을 우리말로 쓰시오.

_____

03 Glacier Skiing

Do you like going skiing?

When spring arrives, ski resorts around the world close for a few months. Without any snow, it's impossible to ski down the slopes. There are some lucky resorts that never close though. In fact, these places often have better skiing in the summer than they do in the winter. They promote glacier skiing. That's right. People can ski on mountain glaciers. 5

Glaciers are huge areas of ice. They can be found at low altitudes in cold places such as Alaska, Canada, and Siberia. But they can also be found in warmer climates. In these cases, the glaciers are located high in mountains. Thousands of meters above sea level, the temperature is almost always below freezing. This means that the glaciers don't even 10 melt in summer.

People enjoy glacier skiing for several reasons. First, they can often ski long distances. Some courses are more than twenty kilometers long. _____, the glaciers are located very high in the mountains, so the views from them are incredible. Last, people who do glacier skiing 15 can ski all year round. It doesn't matter if it's December or July. They can go skiing anytime they want.

1 According to the passage, which is true about glaciers?

① They melt in the summer.

② They are only found in cold places.

③ They exist on some mountains.

④ They get bigger every year.

⑤ They are too dangerous for skiing.

2 글을 읽고 답할 수 <u>없는</u> 질문은?

① Where can glaciers be found at low altitudes?

② How can some glaciers exist in warm climates?

③ What time of the year can people do glacier skiing?

④ What are some countries that people do glacier skiing in?

⑤ Why do people like to do glacier skiing?

3 글의 빈칸에 들어갈 말로 가장 알맞은 것은?

① Finally   ② However   ③ Therefore

④ As a result   ⑤ In addition

※ 서술형

4 다음 영영 뜻풀이에 해당하는 단어를 글에서 찾아 쓰시오.

_____: surprising or difficult to believe

※ 서술형

5 다음 빈칸에 알맞은 단어를 글에서 찾아 쓰시오.

Some _____ are located high in _____, so people can go glacier skiing _____ they want.

04 An Impressive Work of Art

What do you
know about
Michelangelo?

In 1466, Italian artist Agostino di Duccio started working on a huge
block of marble. He was going to sculpt a statue for Florence Cathedral.
Agostino began sculpting, but he didn't do much. He only carved parts
of the legs and feet. Then, he stopped working on the project. Ten years
later, Antonio Rossellino restarted ⓐ it. However, he was fired before he   5
could do much work.

After that, nobody worked with the block of marble for twenty-
five years. Then, in 1501, a new artist began sculpting ⓑ it. At first, he
was very unhappy. The marble was not a solid block. There were parts
missing from it. It had also been outside for a long time. So the marble   10
was in very poor condition. Still, these problems did not stop the artist.
He had the marble brought to his workshop and started sculpting.

In 1504, the statue was completed. It was simply called *David*. It
would become one of the best-known works created during the Italian
Renaissance. The sculptor was Michelangelo. Other   15
artists could not see the statue hidden in the marble.
But he could.

GRAMMAR in Textbooks

12행 ▶ have/get + 목적어 + p.p.: (다른 사람에 의해) ~가 …되게 하다
Did you **have** your computer **fixed**? 네 컴퓨터 고쳤어?
I need to **get** my suits **cleaned**. 나는 내 양복들을 세탁해야 한다.

1   What is the best title for the passage?

  ① Statues for Florence Cathedral
  ② Famous Works by Michelangelo
  ③ Why the Statue *David* Is Famous
  ④ Characteristics of Renaissance Art
  ⑤ How the Statue *David* Was Created

2   Which CANNOT be answered about *David*?

  ① What is the statue made of?
  ② Who first began sculpting the statue?
  ③ Why did Antonio Rossellino stop carving the statue?
  ④ When was the statue completed?
  ⑤ Why was the statue named *David*?

3   How much of the block did Agostino di Duccio sculpt?

  ① most of the head   ② both of the arms
  ③ half of the body   ④ the entire left leg
  ⑤ some of the legs and feet

※   서술형
4   Why was Michelangelo unhappy when he began sculpting the statue?

  Because the marble was in _____

※   서술형
5   What do the underlined ⓐ and ⓑ refer to in the passage?

  ⓐ _____   ⓑ _____

focus On Sentences › 중요 문장 다시 보기

A 다음 문장을 밑줄 친 부분에 유의하여 우리말로 해석하시오.

1 Doctors believed he <u>had gotten</u> diabetes about 10 years earlier.

_____

2 His Lego leg <u>enabled him to stand up</u>.

_____

3 Without any snow, <u>it</u>'s impossible <u>to ski down the slopes</u>.

_____

4 <u>It doesn't matter</u> if it's December or July.

_____

B 우리말과 같은 뜻이 되도록 주어진 말을 바르게 배열하시오.

1 많은 사람들이 메기의 맛을 매우 좋아하지만 낚시하러 갈 시간이 없다.

Many people love the taste of catfish but _____.
(time, go, don't, fishing, have, to)

2 어느 날, 그는 자신의 아내와 딸이 레고를 가지고 놀고 있는 것을 지켜보고 있었다.

One day, he was _____.
(Legos, watching, wife, daughter, his, with, playing, and)

3 그는 그 대리석을 자신의 작업장으로 가져와서 조각을 시작했다.

He _____ and started sculpting.
(marble, his, brought, had, workshop, the, to)

C 우리말과 같은 뜻이 되도록 빈칸에 알맞은 말을 쓰시오.

1 그 다음에, 연못을 깨끗한 물로 채워라.

Next, _____ the pond _____ clean water.

2 Matt Cronin이 29세였을 때 그는 당뇨병으로 진단받았다.

When Matt Cronin was 29 years old, he _____ _____ diabetes.

3 해발 수천 미터에서는 기온이 거의 항상 영하이다.

Thousands of meters above sea level, the temperature is almost always

_____ _____ .

Unit 02

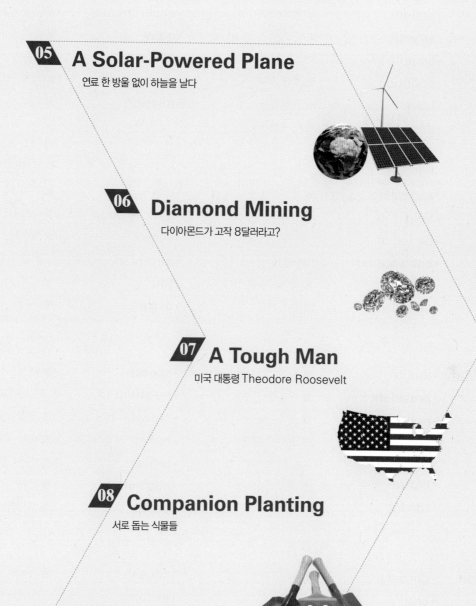

GRAMMAR
in
Textbooks

· remember/forget+-ing/to-v
Oh, did you **forget to bring** your tools with you?

· used to+동사원형
They **used to plant** corn, beans, and squash together.

05
A Solar-Powered Plane

• fuel	명 연료		• cross	동 건너다
• pollute	동 오염시키다		• experimental	형 실험적인, 실험용의
• as well	또한, 역시		• crew	명 승무원
• be able to-v	~할 수 있다		• due to	~ 때문에
• pollution	명 오염, 공해		• mechanical	형 기계적인
• land	동 착륙하다		• mission	명 임무
• after all	결국, 어쨌든			

06
Diamond Mining

• appealing	형 매력적인		• dirt	명 먼지, 때; 흙
• field	명 들판		• look through	훑어보다, (자세히) 살펴보다
• be full of	~로 가득 차다		• screen	명 방충망, 철망
• entrance fee	입장료		• get rid of	~을 없애다[제거하다]
• lie	동 눕다; *놓여 있다		• tool	명 도구
• dig up	캐내다, 파다		• extra	부 추가로

07
A Tough Man

• tough	형 힘든; *강인한		• speech	명 연설, 연설문
• president	명 대통령		• be about to-v	막 ~하려고 하다
• politics	명 정치		• crowd	명 군중
• serve in the military	군 복무를 하다		• bullet	명 총알
• battle	명 전투		• refuse	동 거절하다, 거부하다
• run for	~에 출마하다		• election	명 선거
			• prove	동 증명하다

08
Companion Planting

• gardener	명 정원사		• squash	명 호박
• crop	명 작물		• as for	~에 대해 말하자면
• affect	동 영향을 미치다		• broad	형 넓은
• positive	형 긍정적인		• shade	동 그늘지게 하다
• effect	명 영향, 효과		• prevent A from -ing	A가 ~하지 못하게 하다
• compete	동 경쟁하다		• weed	명 잡초
• resource	명 자원		• pea	명 완두콩
• nutrient	명 영양소, 영양분			

영어는 우리말로, 우리말은 영어로 쓰시오. ▶ 단어/숙어 기본 연습

1	착륙하다	l_____	21	nutrient	_____
2	battle	_____	22	대통령	p_____
3	broad	_____	23	experimental	_____
4	refuse	_____	24	election	_____
5	눕다; 놓여 있다	l_____	25	잡초	w_____
6	shade	_____	26	오염시키다	p_____
7	증명하다	p_____	27	dirt	_____
8	appealing	_____	28	연설, 연설문	s_____
9	tool	_____	29	pea	_____
10	긍정적인	p_____	30	mechanical	_____
11	연료	f_____	31	gardener	_____
12	compete	_____	32	영향을 미치다	a_____
13	임무	m_____	33	crew	_____
14	crop	_____	34	bullet	_____
15	정치	p_____	35	자원	r_____
16	cross	_____	36	effect	_____
17	군중	c_____	37	방충망, 철망	s_____
18	tough	_____	38	squash	_____
19	extra	_____	39	due to	_____
20	field	_____	40	as well	_____

다음 우리말과 같도록 빈칸에 알맞은 말을 쓰시오. ▶ 문장 속 숙어 확인

1 The street _____ _____ _____ cars. 거리는 차들로 가득 차 있다.

2 He decided to _____ _____ president. 그는 대통령에 출마하기로 결심했다.

3 I _____ _____ _____ write my name in Chinese characters.
나는 내 이름을 한자로 쓸 수 있다.

4 How can I _____ _____ _____ these pimples?
어떻게 이 뾰루지들을 없앨 수 있나요?

5 She _____ _____ _____ leave the room.
그녀는 막 그 방을 나가려고 한다.

05 A Solar-Powered Plane

Does your country use a lot of renewable energy?

Traveling by jet is the fastest way to get from one place to another these days. Unfortunately, big passenger jets need large amounts of fuel and pollute the environment as well. Imagine being able to fly around the world without burning any fuel or creating any pollution. It might happen sooner than you think it will.

In spring of 2016, *Solar Impulse 2* landed in the state of California, USA. It had just flown across the Pacific Ocean. It took the plane three days to finish the trip. This was incredibly slow. After all, modern jets can cross the Pacific in 10 hours or less. But *Solar Impulse 2* is not a regular jet. It's an experimental airplane that uses solar power.

The crew's goal was to fly around the world only by using solar power. ⓐ They had a lot of problems due to mechanical reasons. So

ⓑ they have not completed (a) their mission yet. But ⓒ they will one day. And ⓓ they will probably make their plane better. So future solar airplanes will be bigger and faster. In the future, passengers might even fly around the world in ⓔ them.

1   *Solar Impulse 2*에 관한 글의 내용과 일치하는 것은?

　① 무인 항공기이다.

　② 연료 없이 비행할 수 있다.

　③ 태평양을 횡단하는 데 10시간이 걸렸다.

　④ 전 세계를 비행하는 데 성공했다.

　⑤ 현재는 여객기로 사용 중이다.

2   Compared to regular airplanes, what is an advantage of solar airplanes?

　① They are faster.

　② They are bigger.

　③ They can fly longer.

　④ They are cheaper to develop.

　⑤ They are better for the environment.

3   글의 밑줄 친 ⓐ~ⓔ 중, 가리키는 대상이 나머지 넷과 다른 것은?

　① ⓐ　　　② ⓑ　　　③ ⓒ　　　④ ⓓ　　　⑤ ⓔ

서술형

4   글의 밑줄 친 (a) their mission이 의미하는 내용을 우리말로 쓰시오.

_____

☑ *Summary*　Use the words in the box to fill in the blanks.

crew	mission	solar power	Pacific Ocean

Solar Impulse 2 flew across the _____ in spring of 2016. It took three days to finish the trip because it uses _____. The _____ want to fly around the world only by using solar power. They have not completed their _____ yet. But solar airplanes in the future will be bigger and faster.

06 Diamond Mining

Q

How would you feel if you found a diamond?

Would you like to pay $8 for a diamond? It might be 1 or 2 carats. Or it could be even bigger. You won't have to visit a store to get ⓐ it. You will, however, have to get dirty. And you might need to work hard in the sun all day long.

(a) If getting a diamond for a cheap price sounds appealing to you, then go to the American state of Arkansas. (b) Arkansas is one of the 50 states in the country. (c) That's where Crater of Diamonds State Park is located. (d) It's a huge field that covers almost 40 acres of land. (e) And it's full of white, brown, and yellow diamonds.

This is what you do: Go to the park and pay the entrance fee. Then, walk through the field. Sometimes you can see diamonds lying on the ground. Some people dig up dirt and then look through ⓑ it to find diamonds. And others put large amounts of dirt in boxes with small

screens. Then, they put the boxes in water to get rid of the dirt. Only diamonds and other rocks are left. Oh, did you forget to bring your tools with you? Don't worry. You can rent them at the park. But that will cost extra.

GRAMMAR in Textbooks

16행 ▶ remember/forget + to-v: ~할 것을 기억하다/잊다
remember/forget + -ing: ~한 것을 기억하다/잊다
Don't **forget to buy** some milk on your way home. 집에 오는 길에 우유 사는 거 잊지 마.
I **remember going** to the beach when I was a child. 나는 어릴 적 해변에 간 것을 기억한다.

1   글의 제목으로 가장 알맞은 것은?

① Diamonds: Very Valuable Stones
② Why Do People Love Diamonds?
③ How to Find Your Own Diamonds
④ The Best Places to Visit in Arkansas
⑤ The Only Diamond Mine in the U.S.

2   글의 (a)~(e) 중, 전체 흐름과 관계 없는 문장은?

① (a)   ② (b)   ③ (c)   ④ (d)   ⑤ (e)

3   Crater of Diamonds State Park에 관한 글의 내용과 일치하지 않는 것은?

① 입장료는 8달러이다.
② 미국 아칸소 주에 있다.
③ 면적이 40에이커에 달한다.
④ 다이아몬드를 직접 채굴할 수 있다.
⑤ 채굴 도구들을 무료로 대여해준다.

≫   서술형

4   글의 밑줄 친 ⓐ와 ⓑ가 가리키는 것을 찾아 쓰시오.

ⓐ _____   ⓑ _____

≫   서술형

5   다음 빈칸에 알맞은 단어를 글에서 찾아 쓰시오.

> To find _____, some people put dirt into boxes with
> _____ and then put the boxes in _____ to
> remove the dirt.

07 A Tough Man

Who is the toughest person you know?

Theodore Roosevelt was the president of the United States from 1901 to 1909. He enjoyed politics, but he also liked being outdoors. Before becoming president, he served in the military. In the Spanish-American War, he became a hero because of the battles he fought in. He enjoyed farming and hunting, too. Many people thought that he was a tough man. 5

In 1912, Roosevelt decided to run for president again. So ⓐ he traveled around the country and gave speeches. One day in October, ⓑ he was in Milwaukee, Wisconsin. ⓒ He was about to start speaking when a man ran toward ⓓ him. ⓔ He took out a gun and shot Roosevelt. 10

Roosevelt spoke to the crowd and asked them to be quiet. Then, he said, "I have just been shot." After that, he reached into his jacket and pulled out his speech. It was covered with blood. There were two bullet holes in it as well. Roosevelt was hurt, but he refused to go to the hospital. Instead, he gave a speech 15 for ninety minutes. After he finished, he saw a doctor. Roosevelt didn't win the election. But he proved how _____ he was that day.

1 Theodore Roosevelt에 관한 글의 내용과 일치하면 T, 그렇지 않으면 F를 쓰시오.

(1) 미국-스페인 전쟁 동안 군에 복무했다. _____

(2) 1912년에 미국 대통령 선거에서 당선되었다. _____

2 글의 밑줄 친 ⓐ~ⓔ 중, 가리키는 대상이 나머지 넷과 <u>다른</u> 것은?

① ⓐ   ② ⓑ   ③ ⓒ   ④ ⓓ   ⑤ ⓔ

3 What did Roosevelt do right after a man shot him?

① He gave a speech.
② He called the police.
③ He canceled the speech.
④ He went to the hospital.
⑤ He ran toward the man.

※ 서술형

4 글의 빈칸에 알맞은 단어를 글에서 찾아 쓰시오.

_____

※ 서술형

5 다음 빈칸에 알맞은 단어를 글에서 찾아 쓰시오.

> Theodore Roosevelt became a(n) _____
> in the Spanish-American War and was the
> _____ of the United States from 1901 to
> 1909.

08 Companion Planting

Q What would you plant in your garden?

Farmers and gardeners must be very careful when ⓐ <u>they</u> plant crops. The reason is that plants often affect other ones growing near them. Some plants have positive effects on other plants near them. But sometimes two or more plants compete for resources such as water and nutrients from the soil. When that happens, the plants cannot grow well. 5

One of the most famous examples of *companion planting comes from Native Americans. ⓑ <u>They</u> used to plant corn, beans, and squash together. The corn plants grew high above the ground. The beans attached themselves to the corn plants and grew up on them. The beans also added nutrients to the soil, so they helped the corn and squash grow 10 better. As for the squash, it has broad leaves, so it shaded the ground. This prevented weeds from growing.

Would you like to know some other companion plants? Plant peas and mint together. The mint improves the taste and health of the 15 pea plants. Plant broccoli and garlic together as well. Garlic helps broccoli grow better. But don't plant beans and onions together. The onions will prevent the beans from growing big.

*companion planting (작물) 혼식, 섞어 심기

GRAMMAR in Textbooks

07행 ▶ used to + 동사원형: (과거에) ~하곤 했다
She **used to** drink coffee. Now she prefers tea. 그녀는 커피를 마시곤 했다. 지금은 차를 선호한다.
Mark **didn't use to** do much exercise. Mark는 운동을 많이 하지 않았었다.

1   What is the passage mainly about?

① What to plant in your garden

② How to grow vegetables at home

③ Farming methods of Native Americans

④ Why some plants should be grown together

⑤ The most popular vegetables found in gardens

2   How did beans help corn and squash grow?

① They shaded the ground.

② They kept water in the soil.

③ They kept many insects away.

④ They added nutrients to the soil.

⑤ They improved the tastes of the plants.

3   What should be planted with peas?

① corn   ② squash   ③ mint

④ broccoli   ⑤ onions

※   서술형

4   What do the underlined ⓐ and ⓑ refer to in the passage?

ⓐ _____   ⓑ _____

※   서술형

5   Find the word in the passage which has the given meaning.

_____ : a plant that has no value and may harm nearby crops

focus On Sentences › 중요 문장 다시 보기

A   다음 문장을 밑줄 친 부분에 유의하여 우리말로 해석하시오.

1   They had a lot of problems <u>due to</u> mechanical reasons.

    _____

2   Did you <u>forget to bring</u> your tools with you?

    _____

3   He <u>was about to start</u> speaking when a man ran toward him.

    _____

4   They <u>used to plant</u> corn, beans, and squash together.

    _____

B   우리말과 같은 뜻이 되도록 주어진 말을 바르게 배열하시오.

1   그 비행기가 여정을 끝마치는 데는 사흘이 걸렸다.

    _____ the trip.
    (to, plane, it, finish, three days, the, took)

2   그는 자신이 참여했던 전투들로 인해 영웅이 되었다.

    He became a hero _____.
    (battles, because, he, the, fought, of, in)

3   양파는 콩이 크게 자라지 못하게 할 것이다.

    The onions will _____.
    (beans, prevent, big, the, growing, from)

C   우리말과 같은 뜻이 되도록 빈칸에 알맞은 말을 쓰시오.

1   어떠한 연료도 태우지 않고 전 세계를 비행할 수 있다고 상상해 보라.

    Imagine _____ _____ _____ fly around the world without
    burning any fuel.

2   그리고 나서 그들은 그 흙을 제거하기 위해 그 상자들을 물속에 넣는다.

    Then, they put the boxes in water to _____ _____ _____
    the dirt.

3   1912년에 Roosevelt는 다시 대통령에 출마하기로 결심했다.

    In 1912, Roosevelt decided to _____ _____ president again.

Unit 03

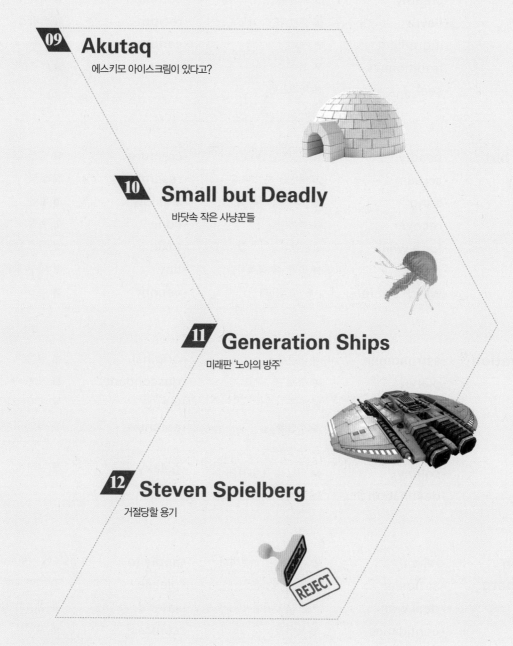

GRAMMAR in Textbooks

· must have p.p.
A stonefish **must have stung** him.

· cannot have p.p.
The news **cannot have pleased** him.

09
Akutaq

• dessert	명 디저트, 후식
• creamy	형 크림 같은, 부드러운
• flavor	명 풍미, 맛
• ingredient	명 재료
• traditionally	부 전통적으로
• seal	명 바다표범
• fat	명 지방
• combine	동 결합하다
• recipe	명 조리법
• caribou	명 순록
• unique	형 독특한

10
Small but Deadly

• deadly	형 치명적인 (= fatal)
• scream	동 비명을 지르다
• sting	동 쏘다, 찌르다; 명 침
• recover	동 회복되다
• for a while	당분간
• attack	명 공격; 동 공격하다
• watch out for	~을 조심하다
• creature	명 생물
• resemble	동 닮다
• shallow	형 얕은
• cone	명 원뿔
• toxin	명 독소
• tiny	형 아주 작은
• venom	명 독

11
Generation Ships

• astronomer	명 천문학자
• planet	명 행성
• solar system	태양계
• suitable	형 적합한
• transport	동 수송하다
• colony	명 식민지; *(집단) 거주지
• destination	명 목적지
• original	형 원래의
• descendant	명 자손, 후손
• settle	동 정착하다
• colonize	동 식민지로 만들다; *개척하다
• galaxy	명 은하계

12
Steven Spielberg

• reject	동 거절하다, 거부하다
• at times	가끔은, 때로는
• deal with	~을 다루다[대처하다]
• confidence	명 자신감
• lead to	~로 이어지다
• failure	명 실패
• react	동 반응하다, 대응하다
• ruin	동 망치다
• fascinate	동 매료시키다
• apply to	~에 지원하다
• please	동 기쁘게 하다
• attend	동 참석하다; *다니다
• contract	명 계약서
• direct	동 지시하다; *(영화를) 감독하다
• accomplish	동 이루다
• bother	동 괴롭히다, 신경 쓰이게 하다

영어는 우리말로, 우리말은 영어로 쓰시오. ▶ 단어/숙어 기본 연습

1 행성	p_____	
2 dessert	_____	
3 망치다	r_____	
4 resemble	_____	
5 suitable	_____	
6 sting	_____	
7 기쁘게 하다	p_____	
8 지방	f_____	
9 flavor	_____	
10 수송하다	t_____	
11 reject	_____	
12 비명을 지르다	s_____	
13 attend	_____	
14 colony	_____	
15 독특한	u_____	
16 전통적으로	t_____	
17 accomplish	_____	
18 creature	_____	
19 confidence	_____	
20 원래의	o_____	

21 아주 작은	t_____	
22 bother	_____	
23 ingredient	_____	
24 galaxy	_____	
25 회복되다	r_____	
26 contract	_____	
27 fascinate	_____	
28 결합하다	c_____	
29 astronomer	_____	
30 toxin	_____	
31 공격; 공격하다	a_____	
32 seal	_____	
33 recipe	_____	
34 실패	f_____	
35 descendant	_____	
36 deadly	_____	
37 얕은	s_____	
38 destination	_____	
39 react	_____	
40 settle	_____	

다음 우리말과 같도록 빈칸에 알맞은 말을 쓰시오. ▶ 문장 속 숙어 확인

1 How do you _____ _____ stress? 어떻게 스트레스에 대처하십니까?

2 I want to _____ _____ medical school. 나는 의과대학에 지원하고 싶다.

3 Bad eating habits can _____ _____ health problems.
나쁜 식습관은 건강 문제들로 이어질 수 있다.

4 I like being alone _____ _____. 나는 가끔은 혼자 있는 것을 좋아한다.

5 You should _____ _____ _____ ice on the roads in
winter. 겨울에는 도로 위 얼음을 조심해야 한다.

09 Akutaq

Q

What is your
favorite ice cream?

One of the most popular desserts around the world is ice cream. People love its creamy taste and many flavors. Ice cream is so delicious that even people in cold areas love it. In fact, Eskimos living in Alaska, USA, make their own ice cream. They call it akutaq, or Eskimo ice cream.

Akutaq comes from the *Yupik language. It means "mix them together." It gets its name because, like regular ice cream, Eskimos have to mix together many ingredients to make akutaq. Traditionally, Eskimos made akutaq after they killed the first polar bear or seal of the year. To make akutaq, first, Eskimo women took some fat from the animal. Then, they mixed it with fresh snow, berries, and seal oil. Sometimes they added fish. Next, they mixed it by hand to make sure that all the ingredients combined. Finally, everyone enjoyed their ice cream.

Nowadays there are actually many recipes for akutaq. Some use animal fat, but others use meat. The meat can be from fish, seals, bears, or caribou. They also use different types of berries. Each recipe creates akutaq with a unique taste.

*Yupik 유피크 (에스키모 인이 자신을 지칭하는 이름 중 하나)

1 글의 주제로 가장 알맞은 것은?

① The lifestyle of Eskimos
② Foods with unusual tastes
③ Why people love ice cream
④ How to make Eskimo ice cream
⑤ Types of ice cream around the world

2 akutaq에 관한 글의 내용과 일치하지 <u>않는</u> 것은?

① It can be found in Alaska.
② It is also known as Eskimo ice cream.
③ It is generally served as a main dish.
④ It is made in many different ways.
⑤ It is a Yupik word that means "mix them together."

3 글에서 akutaq의 재료로 언급된 것이 <u>아닌</u> 것은?

① animal fat　　　② fish　　　③ milk
④ berries　　　⑤ snow

※　서술형
4 글의 내용과 일치하도록 다음 질문에 답하시오.

Q: When did Eskimos usually make akutaq?

A: _____

_____

※　서술형
5 Find the word in the passage which has the given meaning.

_____: one of the foods that you use to
make a particular dish

Expand Your
Knowledge

에스키모 (*Eskimo*)

에스키모는 캐나다, 그린란드, 알래스카, 시베리아 등에서 어로와 수렵을 하며 사는 사람들이다. '에스키모'라는 단어는 '날고기를 먹는 사람들'이라는 의미로 붙여진 이름이며, 사실 그들은 스스로를 '인간'을 뜻하는 '이누이트(Inuit)', '이누피아크(Inupiat)', '유피크(Yupik)' 등으로 부른다. 그들이 사는 집의 한 형태인 이글루 또한 많이 알려져 있다. 이글루는 눈으로 만들어진 반구 형태의 집이다. 남쪽에 입구를 내고 앞쪽에 자그마한 집을 만들어 개 집이나 저장고로 사용하기도 한다. 에스키모는 지역에 따라 바다표범, 생선, 북극곰, 순록 등을 주식으로 하며, 대개 삶거나 익혀서 먹지만 연료가 부족하여 날고기를 먹는 경우도 있다고 한다.

10 Small but Deadly

Do you know any toxic or stinging fish?

A man is lying on the beach. He is holding his foot and screaming in pain. A stonefish must have stung him. Fortunately, a medical team arrives to help. The man will recover, but he will hurt for a while.

When people visit the beach, they are often worried about large animals such as sharks. Shark attacks are not very common though. Only a few people die from them each year. Instead, people should watch out for other dangerous sea creatures. (a) <u>These animals</u> are small but deadly.

The stonefish is one small creature. It resembles a stone, so it's hard to see. It also prefers shallow water. Its sting can cause great pain and even kill humans. The *flower urchin and cone snail are two more small but deadly sea creatures. Both of them have toxins that can be fatal to humans. One of the deadliest sea creatures is the tiny blue-ringed octopus. Its venom is 1,200 times more powerful than *cyanide.

So the next time you visit the ocean, be sure to watch out for small animals. You'll be glad you (b) <u>did</u>.

5

10

15

*flower urchin 꽃성게
*cyanide 청산가리

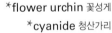

02행 ▶ must have p.p.: '～이었음에 틀림없다'의 뜻으로, 과거 일에 대한 강한 추측을 나타낸다.
'～이었을지도 모른다'는 'may[might] have p.p.'로 나타낸다.
She **must have been** very beautiful when she was young.
그녀는 젊었을 때 매우 아름다웠음에 틀림없다.
He's late. He **may[might] have taken** the wrong road. 그가 늦네. 그는 길을 잘못 들었는지도 몰라.

1 글의 내용과 가장 잘 어울리는 속담은?

① Look before you leap.

② A stitch in time saves nine.

③ Birds of a feather flock together.

④ A picture is worth a thousand words.

⑤ The smaller the pepper, the hotter it is.

2 글에서 밑줄 친 (a) These animals에 관해 언급되지 않은 것은?

① stonefish　　　　② shark　　　　③ flower urchin

④ cone snail　　　　⑤ blue-ringed octopus

3 글의 내용과 일치하면 T, 그렇지 않으면 F를 쓰시오.

(1) Shark attacks happen frequently on beaches. _____

(2) The flower urchin can kill people with toxin. _____

※ 서술형

4 다음 빈칸에 알맞은 단어를 글에서 찾아 쓰시오.

> The stonefish lives in _____ water and has a painful _____ that can kill you.

※ 서술형

5 글의 밑줄 친 (b) did가 의미하는 내용을 우리말로 쓰시오.

_____

11 Generation Ships

Q

Do you think humans will one day live on other planets?

Astronomers have discovered thousands of planets outside the solar system. Many might be suitable for humans to live on. Some Earthlike planets are only a few light years away from us. By traveling at light speed, it would only take fewer than fifteen years to reach ⓐ them.

(A) One possibility is the generation ship. (B) Right now, humans cannot travel that fast. (C) So people have been thinking of other ways to reach planets in other solar systems. It could transport enough people to start a colony on another planet.

A generation ship would travel slower than light speed. So it would take hundreds or thousands of years to reach its destination. The ship would be several kilometers long. It would have thousands of passengers. It would have animals on it, too. People would grow crops on the ship. They would have everything they need on the ship. When they arrive at their destination, the original travelers would have died long ago.

Their descendants would settle on the new planet instead.

It sounds strange, but some people believe generation ships will be built in the future. Perhaps humans will use ⓑ them to colonize the galaxy.

1 (A)~(C)를 글의 흐름에 알맞게 배열한 것은?

① (A)-(C)-(B)   ② (B)-(A)-(C)   ③ (B)-(C)-(A)

④ (C)-(A)-(B)   ⑤ (C)-(B)-(A)

2 글에 따르면, generation ship을 만드는 주된 이유는?

① 우주 여행을 하기 위해

② 외계 생명체를 만나기 위해

③ 다른 행성들을 연구하기 위해

④ 다른 행성들의 자원을 채굴하기 위해

⑤ 다른 태양계로 이주하기 위해

3 글에서 generation ship에 관해 언급되지 <u>않은</u> 것은?

① It would travel slower than light speed.

② Thousands of people would travel on it.

③ Animals would live on it.

④ People would grow plants on it.

⑤ It would take hundreds of years to make.

⋙ 서술형

4 글의 밑줄 친 ⓐ와 ⓑ가 가리키는 것을 찾아 쓰시오.

ⓐ _____   ⓑ _____

⋙ 서술형

5 다음 빈칸에 알맞은 단어를 글에서 찾아 쓰시오.

> The original travelers on the generation ship would not arrive
> at their _____. Instead, only their _____
> would get to the new planet.

12 Steven Spielberg

Everyone gets rejected at times. Some people deal with rejection poorly. They lose confidence. This leads to even more failures. Others react by working harder. They become successful and don't let rejection ruin their lives. Steven Spielberg is the second kind of person.

Spielberg started making movies as a boy. The film industry fascinated him. So he decided to become a movie director. He applied to the film school at the University of Southern California. He was rejected because of his C average though. The news cannot have pleased him. But he attended another university and studied there.

Later, he applied to the film school a second time. He was rejected again. Then, he applied a third time. He was rejected a third time. The rejections didn't stop Spielberg. He kept making movies. Soon, he signed a contract to become a movie director at a film studio. One of his first movies was *Jaws*. It was a huge success. Spielberg later directed movies such as *Raiders of the Lost Ark*, *E.T.*, and *Jurassic Park*. He has become one of the most successful movie directors in history. He accomplished that because he didn't let rejection bother him.

GRAMMAR in Textbooks

11행 ▶ cannot have p.p.: '~이었을 리가 없다'의 뜻으로, 과거 일에 대한 강한 부정적인 추측을 나타낸다.

You **cannot have seen** him yesterday. He was at home.
너는 어제 그를 봤을 리가 없어. 그는 집에 있었어.

Julie **cannot have told** a lie. Julie가 거짓말을 했을 리가 없다.

1 What is the best title for the passage?

① Never Give Up

② Let's Make Movies

③ *Jaws*, a Popular Movie

④ Steven Spielberg's Education

⑤ How to Become a Movie Director

2 Why did the school reject Spielberg?

① He could not pay the tuition.

② He did not do well at school.

③ He did badly at his interview.

④ He never finished high school.

⑤ He already had a job directing movies.

3 Which of the following does NOT describe Steven Spielberg?

① patient   ② careful   ③ positive

④ enthusiastic   ⑤ successful

서술형

4 Find the word in the passage which has the given meaning.

_____ : to attract and interest you very strongly

☑ *Summary* **Write the numbers in the correct order.**

Steven Spielberg

• He directed *Jaws* and *Raiders of the Lost Ark*.   _____

• He signed a contract with a film studio.   _____

• He decided to become a movie director.   _____

• He was rejected by a film school.   _____

focus On Sentences › 중요 문장 다시 보기

A 다음 문장을 밑줄 친 부분에 유의하여 우리말로 해석하시오.

1 Ice cream is <u>so</u> delicious <u>that</u> even people in cold areas love it.

_____

2 A stonefish <u>must have stung</u> him.

_____

3 Its venom is <u>1,200 times more powerful than</u> cyanide.

_____

4 The news <u>cannot have pleased</u> him.

_____

B 우리말과 같은 뜻이 되도록 주어진 말을 바르게 배열하시오.

1 많은 행성들이 인간이 살기에 적합할지도 모른다.

Many planets might be _____.
(to, humans, on, suitable, live, for)

2 그것은 또 다른 행성에 거주지를 시작하기에 충분한 사람들을 수송할 수 있을 것이다.

It could transport _____.
(on, a, enough, start, planet, people, to, another, colony)

3 그들은 성공하며 거절이 자신들의 삶을 망치게 허락하지 않는다.

They become successful and _____.
(let, lives, their, rejection, don't, ruin)

C 우리말과 같은 뜻이 되도록 빈칸에 알맞은 말을 쓰시오.

1 다음에 바다에 갈 때는 작은 동물들을 조심하도록 하라.

The next time you visit the ocean, be sure to _____ _____
_____ small animals.

2 어떤 사람들은 거절에 잘 대처하지 못한다.

Some people _____ _____ rejection poorly.

3 그는 서던캘리포니아 대학의 영화 학교에 지원했다.

He _____ _____ the film school at the University of Southern
California.

Unit 04

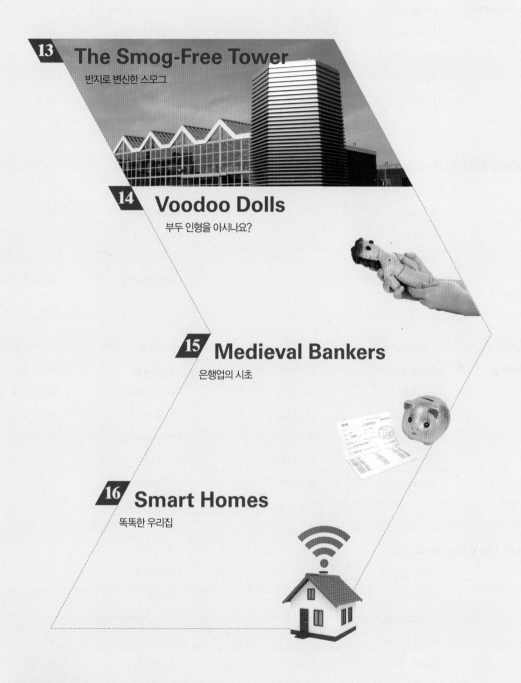

13 The Smog-Free Tower
반지로 변신한 스모그

14 Voodoo Dolls
부두 인형을 아시나요?

15 Medieval Bankers
은행업의 시초

16 Smart Homes
똑똑한 우리집

GRAMMAR in Textbooks

· 관계대명사의 계속적 용법
In New Orleans, Louisiana, a new type of voodoo, **which was different from Haitian voodoo**, developed.

· 접속사 as
As technology improves, smart homes will improve as well.

13
The Smog-Free Tower

•complaint	명 불만, 불평	•sponsor	동 후원하다; 명 후원자
•breathe	동 숨쉬다	•be capable of	~할 수 있다
•free of	~이 없는	•compress	동 압축하다
•remove	동 제거하다	•cube	명 정육면체
•design	동 설계하다, 만들다	•remind	동 상기시키다
•purifier	명 정화 장치		

14
Voodoo Dolls

•religion	명 종교	•individual	명 개인, 사람
•originate in	~에서 유래하다	•stick	동 찌르다
•slave	명 노예	•needle	명 바늘
•feature	명 특징	•wealth	명 부, 재산
•belong to	~의 것이다, ~에 속하다	•be afraid of	~을 두려워하다
•connection	명 연결	•suffering	명 고통, 괴로움

15
Medieval Bankers

•medieval	형 중세의	•receipt	명 영수증
•take place	일어나다, 개최되다	•deposit	동 예치하다, 맡기다
•knight	명 (중세의) 기사	•operate	동 운영하다, 운영되다
•invader	명 침략군	•valuables	명 귀중품
•robber	명 강도	•convenient	형 편리한
•wealthy	형 부유한	•since	전 접 ~부터; 접 ~ 때문에
•treasure	명 보물	•practice	명 관행

16
Smart Homes

•pull into	~에 도착하다, (차를) 대다	•quality	명 질
•driveway	명 (집 앞) 차도, 진입로	•unlock	동 열다
•turn on	~을 켜다	•own	동 소유하다
•automatically	부 자동적으로	•it is likely that	~일 것 같다
•upstairs	부 위층에서, 위층으로	•monitor	동 감시하다, 관찰하다
•turn off	~을 끄다	•supply	명 공급[비축](량)
•advanced	형 진보한	•water	명 물; 동 *물을 주다

A 영어는 우리말로, 우리말은 영어로 쓰시오. ▶단어/숙어 기본 연습

1	숨쉬다	b_____	21	knight	_____
2	robber	_____	22	deposit	_____
3	remind	_____	23	compress	_____
4	노예	s_____	24	sponsor	_____
5	찌르다	s_____	25	since	_____
6	practice	_____	26	바늘	n_____
7	보물	t_____	27	종교	r_____
8	complaint	_____	28	purifier	_____
9	설계하다, 만들다	d_____	29	공급[비축](량)	s_____
10	소유하다	o_____	30	특징	f_____
11	편리한	c_____	31	unlock	_____
12	valuables	_____	32	individual	_____
13	operate	_____	33	medieval	_____
14	quality	_____	34	연결	c_____
15	감시하다, 관찰하다	m_____	35	invader	_____
16	wealth	_____	36	automatically	_____
17	receipt	_____	37	suffering	_____
18	advanced	_____	38	cube	_____
19	remove	_____	39	~을 켜다	t_____
20	upstairs	_____	40	be afraid of	_____

B 다음 우리말과 같도록 빈칸에 알맞은 말을 쓰시오. ▶문장 속 숙어 확인

1 When did World War II _____ _____? 제 2차 세계대전은 언제 일어났습니까?

2 You must not take things that do not _____ _____ you.
당신은 당신의 것이 아닌 물건을 가져가면 안 된다.

3 _____ _____ _____ _____ they have heard the news. 그들은 그 소식을 들었을 것 같다.

4 Everyone wants to live in an environment _____ _____ pollution.
모든 사람은 오염이 없는 환경에서 살고 싶어 한다.

5 You _____ _____ _____ learning simple magic tricks.
당신은 간단한 마술 묘기들을 배울 수 있다.

13 The Smog-Free Tower

Is smog a serious problem in your country?

One major complaint people have about living in cities is pollution. They often say it's hard to breathe in major cities. Imagine being able to live in a city free of pollution. That's not possible today, but it may be possible one day thanks to a new invention.

Dutch artist Daan Roosegaarde had an idea. He wanted to create 5 a smog-free tower. This tower would be seven meters high and would remove smog from the air. He designed it to work like an air purifier. Roosegaarde needed money for his project, so he went on Kickstarter. It's a website that lets regular people sponsor various projects. Very quickly, Roosegaarde raised enough money for his project. He built a tower and 10 placed it in Rotterdam in the Netherlands. The tower could clean about 30,000 *cubic meters of air per hour. So it was capable of cleaning small areas.

What about the smog the tower removed from the air? The tower compressed it into small cubes. Then, Roosegaarde made rings with 15 some of the cubes. He gave them to the sponsors of the project to remind them about the need to fight air pollution.

*cubic meter 세제곱 미터 (m³)

1 글의 주제로 가장 알맞은 것은?

① The life of Daan Roosegaarde
② Heavy pollution in major cities
③ An invention that cleans the air
④ The cost of the smog-free tower
⑤ How people can prevent pollution

2 smog-free tower에 관한 글의 내용과 일치하는 것은?

① 네덜란드의 건축가가 고안했다.
② 높이가 70미터이다.
③ 제거한 스모그로 반지를 만들었다.
④ 네덜란드 모든 도시에서 볼 수 있다.
⑤ 타워 안에는 사람이 거주한다.

3 Why did Roosegaarde use Kickstarter?

① to raise money for his design
② to get feedback on his invention
③ to recruit workers for his company
④ to ask where he should put the tower
⑤ to obtain materials to make the tower

※ 서술형
4 다음 영영 뜻풀이에 해당하는 단어를 글에서 찾아 쓰시오.

_____: to press or squeeze something to make it smaller

※ 서술형
5 글의 내용과 일치하도록 다음 질문에 답하시오.

Q: Why did Roosegaarde give the sponsors rings?
A: He did that to _____.

14 Voodoo Dolls

Q

Are you
superstitious?

*Voodoo is a type of religion that originated in Haiti in the Caribbean Sea. Slaves from Africa developed it there. Later, some slaves went to America. They took voodoo with them. In New Orleans, Louisiana, a new type of voodoo, which was different from Haitian voodoo, developed. One feature was the voodoo doll. 5

In movies, people use voodoo dolls to _____. They make a doll to resemble a certain person. Then, they take something that belongs to that person. It could be a piece of clothing, some hair, or something similar. When they attach the item to the doll, it creates a connection with that person. To cause that individual pain, someone 10 with a voodoo doll may stick needles in it. While the needles go into the doll, the person experiences pain.

Not all voodoo dolls are used to _____ though. In fact, lots of voodoo dolls are used for good purposes. These days, people make voodoo dolls to bring them wealth, luck, or 15 love. So don't be afraid of voodoo dolls. They don't always cause pain and suffering. They can produce positive results as well.

*voodoo 부두교

GRAMMAR in Textbooks

04행 ▶ 관계대명사의 계속적 용법: 선행사에 대한 추가적인 정보를 제공할 때, 관계대명사 앞에 콤마를 쓴다.
관계대명사 that은 계속적 용법으로는 쓰지 않는다.
Everyone likes Tom, **who** is kind and nice. 모두가 Tom을 좋아하는데, 그는 친절하고 착하다.
(= Everyone likes Tom, **and he** is kind and nice.)
He lent me a book, **which** is very interesting. 그는 나에게 책을 한 권 빌려줬는데, 그것은 매우 재미있다.
(= He lent me a book, **and it** is very interesting.)

1 글의 주제로 가장 알맞은 것은?

① What most voodoo dolls look like

② How to make and use voodoo dolls

③ Why people like to make voodoo dolls

④ Where people can purchase voodoo dolls

⑤ When and where voodoo dolls were first made

2 voodoo dolls에 관한 글의 내용과 일치하면 T, 그렇지 않으면 F를 쓰시오.

(1) They were used by slaves from Africa in Haiti. _____

(2) They often look like real people. _____

3 글의 빈칸에 공통으로 들어갈 말로 가장 알맞은 것은?

① harm others   ② heal sick people

③ predict the future   ④ drive away evil spirits

⑤ honor people who died

서술형

4 글의 내용과 일치하도록 다음 질문에 답하시오.

Q: Why do people attach a person's possession to the doll?

A: They do that to _____.

서술형

5 다음 빈칸에 알맞은 단어나 표현을 글에서 찾아 쓰시오.

> Some voodoo dolls can cause _____, but
> others are used for _____ purposes.

15 Medieval Bankers

Where do you usually keep or save your money?

During the Middle Ages, *the Crusades took place. Knights and soldiers from Western Europe traveled to the Middle East. They wanted to take back Jerusalem from Muslim invaders. For centuries, many people traveled to the Middle East. It was very dangerous. There were robbers and other dangerous people on the roads. So a group of knights formed. They were the *Knights Templar. The Templars protected travelers going to Jerusalem.

Over the years, the Templars became wealthy. ① Many people gave them gold, silver, and other treasures. ② He gave some gold coins to the Templars in France. ③ The Templars gave him a receipt. ④ That man then traveled to the Middle East. ⑤ There, he showed his receipt to the Templars. They gave him the same amount of gold he had deposited.

The Templars began operating like a bank. People could deposit valuables with the Templars in one place and get their money back in another place. That was convenient since most people didn't want to travel with large amounts of money. Because of <u>this practice</u>, the Templars became the first medieval bankers. So they were fighters and bankers.

*the Crusades 십자군 전쟁
*Knights Templar 성전 기사단

1 글의 제목으로 가장 알맞은 것은?
   ① Why the Crusades Happened
   ② The Templars: Knights and Bankers
   ③ The Importance of Medieval Banking
   ④ How the Templars Gained Their Wealth
   ⑤ The European Crusades in the Middle East

2 다음 문장이 들어갈 위치로 가장 알맞은 곳은?

   | Then, someone got an idea. |

   ①   ②   ③   ④   ⑤

3 Why did the Knights Templar form?
   ① to keep rich people safe
   ② to fight in the Crusades
   ③ to guard the king of France
   ④ to rob travelers of their money
   ⑤ to protect travelers to Jerusalem

⁂ 서술형
4 글의 밑줄 친 this practice가 의미하는 내용을 우리말로 쓰시오.

_____

Summary **Use the words in the box to fill in the blanks.**

| travelers | Middle East | receipt | valuables |

The Crusades took place in the _____. Traveling there was dangerous, so the Knights Templar formed. They kept _____ safe. The Templars started acting like a bank. People gave them _____ in one place. Then, they got a _____ and went to another place. They showed the receipt there and got their money back.

16 Smart Homes

Q

What do you think houses in the future will be like?

A car pulls into a driveway. As the family gets out, the outdoor lights turn on. They go to the front door, and it opens automatically. The parents walk to the family room, and their children run upstairs. Each time one of them enters a room, the lights turn on. When they leave a room, the lights turn off. The air conditioner turns on in the living room 5 but stays off upstairs.

The family lives in a smart house. A smart house is an advanced home with various types of automatic systems. These control the lights and temperature. ⓐ They may also control the quality of the air in the house, lock and unlock doors and windows, and 10 keep the house safe.

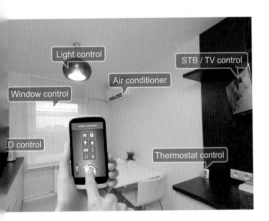

In the future, many people will own smart homes. As technology improves, smart homes will improve as well. It's likely that refrigerators in smart homes will monitor the food kept in them. They might 15 be able to order food when the supply of something is getting low. Smart homes will be able to play people's favorite music when they enter a room. They will clean automatically and will also water the grass outside and the houseplants indoors. Smart homes will make people's lives much better in the future. 20

GRAMMAR in Textbooks

01,13행 ▶ 접속사 as: 접속사 as는 시간, 이유, 비례, 양태 등 다양한 뜻을 가진다.
John became nervous **as** he walked into the room. (~할 때)
Sue lives in a dorm **as** her house is far from school. (~이기 때문에)
As you grow older, your looks change. (~함에 따라)
Do **as** you wish. (~하는 대로)

1 What is the best title for the passage?

① How Smart Homes Work

② Smart Homes: A Smart Choice?

③ Housing: Past, Present, and Future

④ The Pros and Cons of Smart Homes

⑤ The Growing Demand for Smart Homes

2 Which is NOT mentioned as something smart homes will do?

① open doors and windows

② change the temperature inside

③ order food

④ turn music on and off

⑤ call the police if there is a robbery

3 What does the underlined ⓐ They refer to in the passage?

① the parents   ② the family

③ automatic systems   ④ the lights

⑤ doors and windows

※ 서술형

4 Fill in the blank with the word from the passage.

> In a smart house, a lot of things are done
> _____ without your direct control.

※ 서술형

5 Find the word in the passage which has the given meaning.

_____ : to carefully watch and check a situation in order to see how it changes over a period of time

focus On Sentences › 중요 문장 다시 보기

A 다음 문장을 밑줄 친 부분에 유의하여 우리말로 해석하시오.

1 <u>One major complaint people have about living in cities</u> is pollution.

_____

2 In New Orleans, Louisiana, a new type of voodoo, <u>which was different from Haitian voodoo</u>, developed.

_____

3 That was convenient <u>since</u> most people didn't want to travel with large amounts of money.

_____

4 <u>As</u> technology improves, smart homes will improve as well.

_____

B 우리말과 같은 뜻이 되도록 주어진 말을 바르게 배열하시오.

1 그것은 일반 사람들이 다양한 프로젝트들을 후원하게 해주는 웹사이트이다.

It's a website that _____ .

(various, lets, sponsor, regular, projects, people)

2 성전 기사단은 예루살렘에 가는 여행자들을 보호했다.

The Templars _____ .

(travelers, Jerusalem, protected, to, going)

3 그것들은 어떤 것의 비축량이 줄어들면 음식을 주문할 수 있을지도 모른다.

_____ when the supply of something is getting low. (to, food, might, they, able, be, order)

C 우리말과 같은 뜻이 되도록 빈칸에 알맞은 말을 쓰시오.

1 따라서 그것은 작은 지역들을 정화시킬 수 있었다.

So it _____ _____ _____ cleaning small areas.

2 그런 다음 그들은 그 사람의 것인 무언가를 가져온다.

Then, they take something that _____ _____ that person.

3 부두 인형들을 두려워하지 마라.

Don't _____ _____ _____ voodoo dolls.

Unit 05

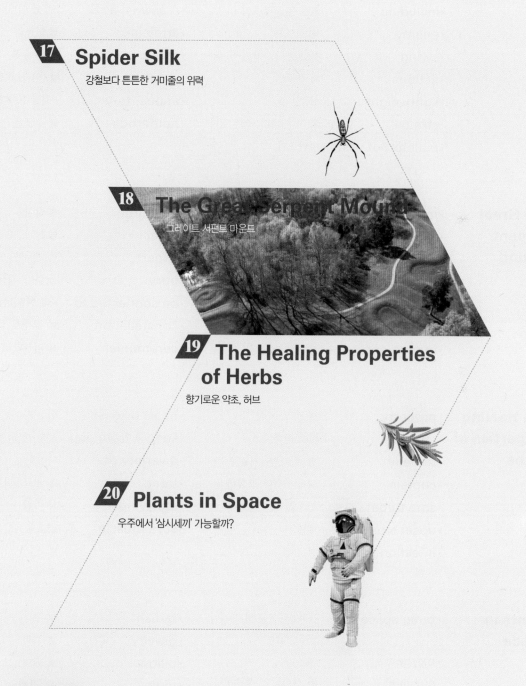

GRAMMAR in Textbooks

· 분사구문
Stretching more than 400 meters, it is shaped like a snake.

· 부대상황
It makes the roots grow downward **with the stems growing upward**.

Unit **05**
Words & Phrases ❯ 중요 단어/숙어 미리 보기

17
Spider Silk

•laboratory	몡 실험실	•bandage	몡 붕대
•including	젠 ~을 포함하여	•A as well as B	B뿐만 아니라 A도
•enemy	몡 적	•artificial	혱 인공의
•swing	통 흔들다; *휙 움직이다	•stitch	몡 (수술용) 봉합실
•fictional	혱 허구의	•surgery	몡 (외과) 수술
•lightweight	혱 가벼운	•appear to-v	~처럼 보이다
•stretch	통 *늘어나다; 뻗어 있다	•numerous	혱 수많은
•bulletproof vest	방탄조끼		

18
The Great Serpent Mound

•mound	몡 흙더미, 언덕	•direction	몡 방향
•tribe	몡 부족	•object	몡 물건, 물체
•continent	몡 대륙	•expert	몡 전문가
•trace	몡 자취, 흔적	•bury	통 묻다, 매장하다
•vanish	통 사라지다	•be connected to	~와 연결[연관]되다
•leave sth behind	놓고 가다, 남기다	•constellation	몡 별자리, 성좌
•monument	몡 기념물; 유적	•ceremonial	혱 의식의

19
The Healing Properties of Herbs

•property	몡 성질, 특성	•heart disease	심장병
•improve	통 개선하다	•keep A from -ing	A가 ~하지 못하게 하다
•remedy	몡 치료(법), 치료약	•a variety of	다양한
•contain	통 들어있다, 포함하다	•treat	통 치료하다
•sore throat	인후염, 목 아픔	•stuffy nose	코 막힘
•upset stomach	배탈	•sore muscle	근육통
•infection	몡 감염		

20
Plants in Space

•outer space	(대기권[태양계] 밖의) 우주 공간	•radish	몡 무
•oxygen	몡 산소	•gravity	몡 중력
•survive	통 살아남다, 생존하다	•pillow	몡 베개
•astronaut	몡 우주비행사	•glue	통 (접착제로) 붙이다
•lettuce	몡 상추	•downward	븟 아래쪽으로
		•upward	븟 위쪽으로

영어는 우리말로, 우리말은 영어로 쓰시오. ▶ 단어/숙어 기본 연습

1	survive	_____	21	infection	_____
2	numerous	_____	22	lightweight	_____
3	치료하다	t_____	23	(외과) 수술	s_____
4	중력	g_____	24	constellation	_____
5	swing	_____	25	laboratory	_____
6	(접착제로) 붙이다	g_____	26	artificial	_____
7	적	e_____	27	상추	l_____
8	astronaut	_____	28	물건, 물체	o_____
9	continent	_____	29	oxygen	_____
10	stretch	_____	30	방향	d_____
11	ceremonial	_____	31	위쪽으로	u_____
12	monument	_____	32	아래쪽으로	d_____
13	fictional	_____	33	부족	t_____
14	vanish	_____	34	mound	_____
15	property	_____	35	묻다, 매장하다	b_____
16	전문가	e_____	36	contain	_____
17	개선하다	i_____	37	trace	_____
18	붕대	b_____	38	stuffy nose	_____
19	radish	_____	39	sore throat	_____
20	remedy	_____	40	appear to-v	_____

다음 우리말과 같도록 빈칸에 알맞은 말을 쓰시오. ▶ 문장 속 숙어 확인

1 I need to buy some groceries, _____ fresh fruit.
나는 신선한 과일을 포함해서 식료품을 좀 사야 한다.

2 Don't _____ your personal belongings _____. 개인 소지품을 놓고 가지 마세요.

3 The speakers _____ _____ _____ the computer
wirelessly. 그 스피커들은 무선으로 컴퓨터와 연결되어 있다.

4 Having coffee at night can _____ you _____ _____.
밤에 커피를 마시는 것은 당신이 잠을 자지 못하게 할 수 있다.

5 People exercise for _____ _____ _____ reasons.
사람들은 다양한 이유로 운동을 한다.

17 Spider Silk

Q Have you seen a spider spinning a web?

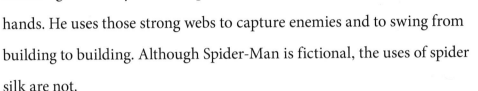

In a comic book story, a spider in a laboratory bites a teenager. The bite gives him superpowers, including the ability to shoot spider webs from his hands. He uses those strong webs to capture enemies and to swing from building to building. Although Spider-Man is fictional, the uses of spider silk are not. 5

Spider silk is one of the strongest *organic substances on the planet. It is five times as strong as steel. It's also incredibly lightweight and can stretch far without breaking. Scientists have been researching ways to develop spider silk. Now, they think they can produce large amounts 10 of it in laboratories. If they can <u>do that</u>, they will be able to produce all kinds of products with spider silk.

One use would be to make very light bulletproof vests. Militaries around the world would love to have them. Spider silk could also be 15 used to make strong bandages as well as artificial skin. Doctors might even be able to use spider silk as stitches for patients who have surgery. There appear to be numerous possible uses for spider silk in the future. 20

*organic substance 유기질

1 글의 주제로 가장 알맞은 것은?

① How spiders make silk
② Clothes made from spider silk
③ How Spider-Man got his powers
④ The strength and uses of spider silk
⑤ The various uses of spider silk in medicine

2 글을 읽고 답할 수 <u>없는</u> 질문은?

① How did Spider-Man get superpowers?
② What is spider silk stronger than?
③ Where do scientists think they can make spider silk?
④ How much would spider silk cost to make?
⑤ Who would be able to use spider silk?

3 글의 밑줄 친 <u>do that</u>이 의미하는 것은?

① 거미줄로 적을 잡는 것   ② 거미줄을 연구하는 것
③ 거미줄을 대량으로 생산하는 것   ④ 거미를 실험실에서 직접 키우는 것
⑤ 거미줄을 여러 용도로 사용하는 것

» 서술형

4 Find the word in the passage which has the given meaning.

_____: invented for a book, film, or play

» 서술형

5 다음 빈칸에 알맞은 단어나 표현을 글에서 찾아 쓰시오.

> Militaries would want to use spider silk to make
> _____, and _____ could make
> stitches from it for their _____.

18 The Great Serpent Mound

Do you know
any mysterious
monuments or
ruins?

Before Europeans sailed across the Atlantic Ocean to North America, numerous tribes of people lived on the continent. Many disappeared without a trace. Others vanished as well but left monuments behind. One is the Great Serpent Mound.

The Great Serpent Mound is located in the state of Ohio in the United States. Stretching more than 400 meters, it is shaped like a snake. 5

① The mound rises between 30 centimeters and 1 meter above the ground. ② The body appears to move in various directions as it goes from tail to mouth. ③ At the end of the body, the snake's mouth is open wide. 10 ④ There is a round object that looks like an egg. ⑤

This Native American monument is mysterious for several reasons. First, nobody is sure when it was made. Some experts believe it is 900 years old while others say it is over 2,000 years old. Its purpose is a mystery, too. It was once thought to be a place 15 where people were buried, but now many people believe it is connected to the stars. The shape of the snake seems to match that of the constellation *Draco. Others, however, think it was used for ceremonial purposes.

*Draco (천문) 용자리

GRAMMAR in Textbooks

06행 ▶ 분사구문: 부사절의 주어가 주절의 주어와 같은 경우, 부사절의 접속사와 주어를 생략하고 분사를 이용하여 간결하게 표현할 수 있다. 문맥에 따라 시간, 이유, 조건, 동시동작, 양보 등의 의미를 가진다.

Being alone, she listens to music. 혼자 있을 때, 그녀는 음악을 듣는다. (시간: when)

Not having money, I had to walk home. 돈이 없었기 때문에 나는 집까지 걸어가야 했다. (이유: since, because)

Turning right at the corner, you will find the café. 코너에서 우회전하면 그 카페를 찾을 거예요. (조건: if)

David ate pizza **watching** a movie. David는 영화를 보면서 피자를 먹었다. (동시동작: while, as, and)

Feeling sick, he went to school. 그는 아팠지만 학교에 갔다. (양보: although, though)

1 글의 제목으로 가장 알맞은 것은?

① The World's Biggest Mound
② A Native American Monument
③ How the Great Serpent Mound Was Made
④ The Arrival of the First Europeans in America
⑤ The Importance of Snakes to Native Americans

2 the Great Serpent Mound에 관한 글의 내용과 일치하지 <u>않는</u> 것은?

① It rises above the ground at different heights.
② Its body appears to move in different directions.
③ It seems like there is an egg in the snake's body.
④ It may be thousands of years old.
⑤ It might have been used for some ceremonies.

3 다음 문장이 들어갈 위치로 가장 알맞은 곳은?

> The snake seems to be ready to eat it.

①　　　　②　　　　③　　　　④　　　　⑤

※ 서술형

4 Find the word in the passage which has the given meaning.

_____ : to disappear in a sudden and mysterious way

나스카 지상화
(*Nazca Lines*)

지구상에는 수수께끼에 쌓인 유적들이 산재해 있는데 나스카 지상화도 그 중 하나이다. 나스카 지상화는 1940년대에 페루 남부 도시 나스카에서 발견되었으며, 기원전 190년에서 서기 600년 사이에 그려진 것으로 추정된다. 거미, 원숭이, 벌새 등의 그림이 30개 이상, 기하학적 도형과 무늬가 200개 이상 포함되어 있으며, 크기가 거대해서 하늘 위에서 봐야 확인할 수 있을 정도이다. 그림이 그려진 이유로는 천문학적인 이유, 제례 의식, 외계인들에 대한 숭배 등의 의견이 있지만 아직까지는 현대 과학으로 풀 수 없는 불가사의로 남아있다.

Expand Your **Knowledge**

☑ **Summary** **Fill in the blanks with the words from the passage.**

The Great Serpent Mound

- Is located in _____, USA, and is more than 400 meters long
- Rises up to 1 meter above the ground and has a mouth that is about to eat a(n) _____
- Is between _____ and 2,000 years old
- Its purpose is still a(n) _____.

19 The Healing Properties of Herbs

Do you know any
plants that are
used as medicine?

Herbs are commonly used for cooking.
Adding herbs such as basil, oregano, and mint
can make your meal taste much better. You
might also be improving your health when you
cook with them. The reason is that many herbs have healing properties. 5

In the past, people didn't know much about medicine. When they
were sick, they couldn't visit the doctor to get a shot. Instead, they made
home remedies that contained herbs. Many times, they drank them as
teas.

What herbs did they use? And what did they use them for? There 10
were many. People used sage when they had colds and sore throats.
Basil was useful for insect bites and skin care. Lemon balm was used
for upset stomachs, and oregano was useful for fighting infections.
(a) It also helped prevent heart disease and *strokes. (b) Lots of herbs,
such as garlic and rosemary, kept people from getting cancer. (c) Garlic 15
is especially popular in Italian cooking. (d) People used peppermint for a
variety of reasons. (e) They treated colds, stuffy noses, sore muscles, and
many other problems with it.

The next time you cook, don't forget to use
lots of herbs. You'll not only have a tastier meal, 20
but you'll also make yourself healthier.

*stroke 뇌졸중

1 글의 내용과 일치하면 T, 그렇지 않으면 F를 쓰시오.

(1) People only use herbs because of their healing properties. _____

(2) Garlic can fight cancer, and peppermint is good for sick people. _____

2 Which herb did people use when they had stomach problems?

① sage   ② lemon balm   ③ oregano

④ rosemary   ⑤ basil

3 글의 (a)~(e) 중, 전체 흐름과 관계 <u>없는</u> 문장은?

① (a)   ② (b)   ③ (c)   ④ (d)   ⑤ (e)

※ 서술형

4 글의 내용과 일치하도록 다음 질문에 답하시오.

Q: What did people use basil for?

A: _____

※ 서술형

5 다음 빈칸에 알맞은 단어를 글에서 찾아 쓰시오.

When people were sick, they would make home _____ from _____ and then drank them as _____.

20 Plants in Space

Q What kind of food do astronauts eat in space?

In the future, it's likely that people will live in outer space. They already live on space stations. But they might live on the moon, Mars, or other places as well. They'll need oxygen and water to survive. They'll also need lots of food. 5
It will be difficult to send food from the Earth. So they'll have to grow their own food in space.

Fortunately, astronauts have been growing food in space for years. In 2015, they ate food grown in space for the first time. They had lettuce. They've grown numerous other plants as well. For example, they have 10 grown peas and radishes in space.

The main problem with vegetables growing in space is gravity. On the Earth, plants' roots grow down in the ground due to gravity. There's no gravity in space, so roots grow in all directions.
Astronauts have solved <u>this problem</u> though. They 15 use plant pillows. They contain soil, fertilizer, and nutrients. Astronauts then glue the seeds to some special material inside the pillows. It makes the roots grow downward with the stems growing upward.
And that enables astronauts to grow plants in space. 20

GRAMMAR in Textbooks

19행 ▶ with + 목적어 + 현재분사/과거분사/형용사/부사(구): ~가 …인 채로 (부대상황)
A girl was standing **with her head facing** the ground. 한 소녀가 머리를 땅을 향한 채로 서있었다.
She is sitting on the chair **with her eyes closed**. 그녀는 눈을 감은 채로 의자에 앉아 있다.
Don't speak **with your mouth full**. 입에 음식이 가득한 채로 말하지 마라.
He felt asleep **with the television on**. 그는 텔레비전을 켜놓은 채로 잠이 들었다.

1 What is the passage mainly about?

① How to make a plant pillow
② What food astronauts eat in space
③ How to grow plants in outer space
④ The planets where plants can grow
⑤ How gravity affects plants growing in space

2 What was the first food grown in space that people ate?

① peas   ② carrots   ③ lettuce
④ radishes   ⑤ potatoes

3 Which CANNOT be answered based on the passage?

① Where in outer space will people probably live in the future?
② When did astronauts eat plants grown in space for the first time?
③ How does gravity affect plants growing in space?
④ What can be found inside a plant pillow?
⑤ How long does it take plants to grow in outer space?

※ 서술형
4 Why will people need to grow food in space in the future?

Because _____

※ 서술형
5 What does the underlined this problem mean in the passage?
Write in Korean.

_____

focus On Sentences ▸ 중요 문장 다시 보기

A 다음 문장을 밑줄 친 부분에 유의하여 우리말로 해석하시오.

1 <u>Stretching more than 400 meters</u>, it is shaped like a snake.

_____

2 It was once <u>thought to be</u> a place where people were buried.

_____

3 Fortunately, astronauts <u>have been growing</u> food in space for years.

_____

4 It makes the roots grow downward <u>with the stems growing upward</u>.

_____

B 우리말과 같은 뜻이 되도록 주어진 말을 바르게 배열하시오.

1 그것은 강철보다 다섯 배 더 강하다.

It is _____.
　　　　　(steel, times, strong, five, as, as)

2 많은 허브들은 사람들이 암에 걸리지 않게 했다.

Lots of herbs _____.
　　　　　　　(cancer, people, getting, kept, from)

3 다음에 요리할 때, 허브를 많이 사용하는 것을 잊지 마라.

The next time you cook, _____.
　　　　　　　(use, forget, herbs, to, of, don't, lots)

C 우리말과 같은 뜻이 되도록 빈칸에 알맞은 말을 쓰시오.

1 거미줄은 또한 인공 피부뿐만 아니라 튼튼한 붕대를 만들기 위해 사용될 수 있을 것이다.

Spider silk could also be used to make strong bandages _____

_____ _____ artificial skin.

2 다른 이들은 마찬가지로 사라졌지만 유적들을 남겼다.

Others vanished as well but _____ monuments _____.

3 사람들은 다양한 이유로 페퍼민트를 사용했다.

People used peppermint for _____ _____ _____ reasons.

Unit 06

GRAMMAR in Textbooks

· 복합관계부사
Wherever people in the United States go on Halloween, they can see jack-o'-lanterns.

· 앞 문장 전체를 선행사로 취하는 which
They also sold papyrus to people in other places, **which** enabled those people to write as well.

21 Cashless Societies

• cashless	형 현금이 없는[불필요한]	• be forced to-v	~하도록 강요 받다, 어쩔 수 없이 ~하다
• cashier	명 계산원	• supporter	명 지지자
• accept	동 받아 주다, 수락하다	• claim	동 주장하다
• cash	명 현금	• point out	지적하다
• payment	명 지불, 결제	• fraud	명 사기(죄)
• goods	명 상품	• all at once	모두 한꺼번에
• consider	동 고려하다		

22 Jack-O'-Lanterns

• inside	전 ~ 안에; 명 속, 내부	• devil	명 악마 (the Devil)
• scary	형 무서운	• coal	명 석탄
• go back to	~로 거슬러 올라가다	• send away	쫓아내다
• according to	~에 따르면	• notice	동 알아차리다
• legend	명 전설	• celebrate	동 기념하다, 축하하다
• trick	동 속이다		

23 Asteroid Mining

• asteroid	명 소행성	• spaceship	명 우주선
• mine	동 채굴하다	• equipment	명 장비
• countless	형 셀 수 없는, 수많은	• iron	명 철
• surface	명 표면	• precious	형 귀중한, 값비싼 (= valuable)
• dinosaur	명 공룡	• metal	명 금속
• value	명 가치	• eventually	부 결국, 마침내

24 Papyrus

• ancient	형 고대의	• opposite	형 반대의
• found	동 세우다, 설립하다	• pound	동 두드리다
• civilization	명 문명	• record	명 기록; 동 *기록하다
• provide	동 제공하다	• religious	형 종교적인
• soak	동 담그다, 적시다	• belief	명 믿음
• beside	전 ~ 옆에	• scroll	명 두루마리

영어는 우리말로, 우리말은 영어로 쓰시오. ▶ 단어/숙어 기본 연습

1	spaceship	_____	21	countless	_____
2	claim	_____	22	고려하다	c _____
3	surface	_____	23	공룡	d _____
4	반대의	o _____	24	precious	_____
5	eventually	_____	25	beside	_____
6	soak	_____	26	religious	_____
7	accept	_____	27	goods	_____
8	fraud	_____	28	iron	_____
9	현금	c _____	29	알아차리다	n _____
10	pound	_____	30	celebrate	_____
11	cashless	_____	31	믿음	b _____
12	가치	v _____	32	장비	e _____
13	전설	l _____	33	ancient	_____
14	trick	_____	34	payment	_____
15	지지자	s _____	35	civilization	_____
16	metal	_____	36	무서운	s _____
17	기록; 기록하다	r _____	37	채굴하다	m _____
18	coal	_____	38	cashier	_____
19	devil	_____	39	~ 안에; 속, 내부	i _____
20	제공하다	p _____	40	scroll	_____

다음 우리말과 같도록 빈칸에 알맞은 말을 쓰시오. ▶ 문장 속 숙어 확인

1 Their friendship _____ _____ _____ their childhood.
그들의 우정은 그들의 어린 시절로 거슬러 올라간다.

2 Sometimes bad things happen _____ _____ _____.
때로는 나쁜 일이 모두 한꺼번에 일어난다.

3 _____ _____ the weather forecast, it will snow today.
일기예보에 따르면, 오늘은 눈이 올 것이다.

4 He _____ _____ _____ quit his job because of his illness.
그는 병 때문에 일을 그만둘 수밖에 없었다.

5 She likes to _____ _____ others' mistakes.
그녀는 다른 사람들의 실수를 지적하기를 좋아한다.

21 Cashless Societies

Q What do you usually pay with when you buy things?

A man goes to a cashier and puts some items on the counter. He takes some money from his wallet. "I'm sorry, sir," the cashier says, "but we don't accept cash here. We only accept electronic payments."

For centuries, people have used cash to pay for goods and services. As technology improves, paying with coins and bills is becoming less common. In Sweden, for example, around 80% of all payments are cashless. (a) The country of Denmark is considering letting stores refuse cash payments. (b) Neither Sweden nor Denmark currently uses the euro. (c) Grocery stores, post offices, doctors, and dentists would have to accept cash. (d) But other places would not be forced to. (e) Countries like Sweden and Denmark are about to become cashless societies.

Supporters of cashless societies claim that making electronic payments is easier and more convenient. They say it is safer too since people won't have to carry around large amounts of cash. But many people prefer cash. They point out that fraud has increased a great amount in places where electronic payments are common. They don't trust banks either. If their banks get hacked, they could lose their money all at once.

1 글의 주제로 가장 알맞은 것은?

① The economy in Europe
② The move away from using cash
③ The benefits of paying with cash
④ The dangers of cashless societies
⑤ Why people prefer electronic payments

2 글의 (a)~(e) 중, 전체 흐름과 관계 <u>없는</u> 문장은?

① (a)　　　② (b)　　　③ (c)　　　④ (d)　　　⑤ (e)

3 According to the passage, why do some people prefer cash?

① They like carrying money around with them.
② Many stores do not accept credit cards.
③ They say it is more convenient than credit cards.
④ They cannot get credit cards from banks.
⑤ They think that fraud is a big problem.

≫ 서술형
4 다음 영영 뜻풀이에 해당하는 단어를 글에서 찾아 쓰시오.

_____: things that are made to be sold

≫ 서술형
5 다음 빈칸에 알맞은 단어를 글에서 찾아 쓰시오.

> Some people think making _____ payments is not only more convenient but also _____ because they don't have to carry a lot of _____.

22 Jack-O'-Lanterns

Q

What comes to your mind when you think of Halloween?

Halloween takes place on October 31 each year.

_____(A)_____ people in the United States go on Halloween, they can see *jack-o'-lanterns. These are carved pumpkins with candles inside them. Usually, the faces people carve in them are scary.

The tradition of the jack-o'-lantern goes back to Europe. According to an Irish legend, a man named Stingy Jack tricked the Devil twice. When he died, he couldn't get into Heaven because he was bad. But the Devil wouldn't let him into Hell either. The Devil gave Stingy Jack a burning coal and sent him away. Stingy Jack carved the inside out of a *turnip and put the coal in it. _____(B)_____ people in Ireland saw a strange light at night, they said it was a "Jack of the Lantern" or "Jack O'Lantern."

Later, many Irish people went to America. They brought their

stories with them. They also noticed that pumpkins grew well in America and were easy to carve. So they quit carving turnips and began carving pumpkins. Over time, creating jack-o'-lanterns for Halloween became a popular tradition. Today, nearly everyone who celebrates Halloween carves at least one jack-o'-lantern each year.

5

10

15

20

*jack-o'-lantern 잭오랜턴, 호박등
*turnip 순무

GRAMMAR in Textbooks

02, 11행 ▶ 복합관계부사: '관계부사 + ever'의 형태로 시간, 장소, 양보의 부사절을 이끈다.

I meet my friends **whenever** I have free time. 나는 시간이 날 때마다 친구들을 만난다.

You can sit **wherever** you want. 원하는 곳 어디든지 앉으세요.

However rich you are, you can't buy everything. 당신이 아무리 부유하다 해도 모든 것을 살 수는 없다.

1 글의 주제로 가장 알맞은 것은?

① The life of Stingy Jack
② Jack-o'-lanterns in Ireland
③ How to make a jack-o'-lantern
④ The origin of the jack-o'-lantern
⑤ How Halloween became a holiday

2 What did the Devil give to Stingy Jack?

① a key   ② a turnip   ③ a pumpkin
④ coal   ⑤ a lantern

3 글의 빈칸 (A), (B)에 들어갈 말로 가장 알맞은 것은?

① However – Whoever   ② Whatever – However
③ Wherever – Whoever   ④ Whenever – Wherever
⑤ Wherever – Whenever

※ 서술형
4 다음 빈칸에 알맞은 단어나 표현을 글에서 찾아 쓰시오.

> According to a(n) _____ legend, _____
> made the first jack-o'-lantern from a(n) _____.

※ 서술형
5 글의 내용과 일치하도록 다음 질문에 답하시오.

Q: Why did Irish people in America start carving pumpkins?

A: Because _____

_____

23 Asteroid Mining

Q

Where can gold
be found?

Countless asteroids have hit the Earth's surface. Many were large and caused a great amount of harm to the planet. Scientists believe that one asteroid 65 million years ago hit the Earth and killed the dinosaurs. Asteroids can be dangerous. But they can also be items of great value.

Right now, several companies around the world are planning to mine asteroids. They will send spaceships, astronauts, and equipment to asteroids. Then, they will mine the rocks. Why would they do this? The answer is easy. Asteroids contain many valuable resources. ⓐ They have nickel, iron, and water. ⓑ They also contain precious metals such as gold, platinum, and silver. ⓒ They don't contain small amounts of ⓓ them either. Instead, there are huge amounts of resources in ⓔ them.

It won't be easy to mine asteroids though. First, the equipment that will be used needs to be developed. Next, an asteroid close enough to Earth needs to be found. Then, the company has to send the astronauts and equipment to the asteroid. After that, they can start mining it. It won't happen today, but it will happen someday. And when it does, more and more people will start going into space. Asteroid mining will eventually help people build colonies in outer space.

1 글의 제목으로 가장 알맞은 것은?

① The Dangers of Asteroids
② What Are Asteroids Made of?
③ Will Space Become a Gold Mine?
④ What Happened to the Dinosaurs?
⑤ The Problems with Asteroid Mining

2 글의 밑줄 친 ⓐ~ⓔ 중, 가리키는 대상이 나머지 넷과 <u>다른</u> 것은?

① ⓐ　　　　② ⓑ　　　　③ ⓒ　　　　④ ⓓ　　　　⑤ ⓔ

3 What can be inferred from the passage?

① It is illegal to mine asteroids.
② Many companies are already mining asteroids.
③ More and more asteroids are hitting the Earth.
④ Asteroids contain more gold than any other metals.
⑤ An asteroid may have killed the dinosaurs.

⁂　서술형

4 다음 영영 뜻풀이에 해당하는 단어를 글에서 찾아 쓰시오.

_____: the tools or machines that you need for
a particular job or activity

☑ *Summary* **Use the words in the box to fill in the blanks.**

asteroids	outer space	resources	astronauts

Many companies want to mine _____. Asteroids contain precious metals and other valuable _____. Mining asteroids won't be easy though. People need to make the mining equipment. Then, they have to send the equipment and _____ to an asteroid. Asteroid mining will happen someday. And it will help people go into _____.

24 Papyrus

Q

Where do you usually take your notes?

The ancient Egyptians founded one of the world's first civilizations thousands of years ago. They used the Nile River to provide food and water. They learned to farm the land. They also developed *hieroglyphics, so they could write their thoughts. At first, they carved hieroglyphics into stone. But then, around 4,500 years ago, they made a type of paper.

5

The papyrus plant is a long *reed. It grows by the Nile River. The Egyptians learned how to make paper with it. First, they cut the stems and soaked them in water. Then, they put several stems beside one another. They placed other stems on top of them in the opposite direction. Finally, they pounded the stems together to create paper.

10

The Egyptians wrote on papyrus for thousands of years. They also sold papyrus to people in other places, which enabled those people to write as well. People used papyrus to record many things. They wrote stories, poems, and histories. They recorded their religious beliefs on papyrus, too. Many papyrus scrolls have survived until modern times. _____, we know a great deal about past cultures thanks to papyrus.

15

20

*hieroglyphics 상형문자
*reed 갈대

GRAMMAR in Textbooks

14행 ▶ 앞 문장 전체를 선행사로 취하는 which: 명사나 명사구를 수식하는 관계대명사와는 달리, 관계대명사 which 는 앞 문장 전체를 선행사로 취해 추가적인 정보를 제공할 수 있다.
He told lies to me, **which** made me very angry. 그는 나에게 거짓말을 했는데, 그것은 나를 매우 화나게 했다.
(= He told lies to me. That made me very angry.)

1 What is the passage mainly about?

① The history of paper
② How paper was invented
③ Inventions made by Egyptians
④ A form of paper used in ancient Egypt
⑤ How papyrus changed Egyptian society

2 Which CANNOT be answered based on the passage?

① When did the Egyptians first make papyrus?
② What is papyrus paper made of?
③ How did the Egyptians learn to make papyrus?
④ How did the Egyptians make papyrus?
⑤ What did the Egyptians write on papyrus?

3 Which is the best choice for the blank?

① In addition　　② As a result　　③ Nevertheless
④ For example　　⑤ In other words

서술형

4 How did the ancient Egyptians write before they had papyrus? Write in English.

_____

서술형

5 Find the word in the passage which has the given meaning.

_____ : to hit something very hard
in order to make it flat or thin

focus On Sentences › 중요 문장 다시 보기

A 다음 문장을 밑줄 친 부분에 유의하여 우리말로 해석하시오.

1 The country of Denmark is considering <u>letting stores refuse</u> cash payments.

_____

2 These are carved pumpkins <u>with candles inside them.</u>

_____

3 First, the equipment that will be used <u>needs to be developed.</u>

_____

4 They also sold papyrus to people in other places, <u>which enabled those people to write as well.</u>

_____

B 우리말과 같은 뜻이 되도록 주어진 말을 바르게 배열하시오.

1 그들은 전자 결제가 흔한 곳에서 사기죄가 많이 증가했다고 지적한다.

They point out that fraud has increased a great amount

_____ .

(common, in, where, electronic, places, are, payments)

2 소행성 채굴은 사람들이 우주 공간에 거주지들을 건설하도록 도울 것이다.

Asteroid mining will _____ .

(outer space, help, in, build, people, colonies)

3 이집트인들은 그것으로 종이를 만드는 방법을 알게 되었다.

The Egyptians learned _____

(how, paper, to, it, make, with)

C 우리말과 같은 뜻이 되도록 빈칸에 알맞은 말을 쓰시오.

1 하지만 다른 장소들은 그렇게 하도록 강요 받지 않을 것이다.

But other places would not _____ _____ _____ .

2 아일랜드 전설에 따르면, 구두쇠 Jack이라는 이름의 한 남자가 악마를 두 번 속였다.

_____ _____ an Irish legend, a man named Stingy Jack tricked

the Devil twice.

3 악마는 구두쇠 Jack에게 불타는 석탄을 주고 그를 쫓아냈다.

The Devil gave Stingy Jack a burning coal and _____ him _____ .

Unit 07

GRAMMAR in Text books

· as if[though]+가정법 과거
It may seem **as if** the companies **were advertising** specifically to you.

· 접속사 while
Its upper body looked like a man **while** its lower body resembled a horse.

25
The Boy in the Bubble

• bubble	명 비눗방울	• at all times	항상
• unlike	전 ~와는 달리	• relax	동 휴식을 취하다, 쉬다
• disease	명 병, 질병	• operation	명 수술
• keep away	~을 멀리하다, 피하다	• suffer from	~을 앓다, ~로 고통 받다
• germ	명 세균		

26
Personalized Ads

• personalized	형 개인 맞춤형의	• direct	동 지시하다; *보내다
• ad	명 광고 (= advertisement)	• customer	명 고객, 소비자
• be interested in	~에 관심이 있다	• receive	동 받다
• advertise	동 광고하다	• purchase	동 구입하다
• specifically	부 특별히	• invasion	명 침해
• as a matter of fact	사실은	• privacy	명 사생활
• method	명 방법	• be here to stay	우리 생활의 일부이다
• track	동 추적하다		

27
Orbis International

• vision	명 시력, 시야	• local	형 지역의, 현지의
• sight	명 시력	• broadcast	동 방송하다
• go blind	실명하다	• drop off	내려주다, 갖다 주다
• access to	~에의 접근	• supplies	명 보급품, 물자
• organization	명 조직, 단체, 기구	• treatment	명 치료
• facility	명 시설, 설비	• patient	명 환자
• assistance	명 도움	• benefit from	~로부터 혜택을 받다

28
Ancient Greek Monsters

• monster	명 괴물, 괴수	• bull	명 황소
• myth	명 신화 (= mythology)	• tempt	동 유혹하다
• goddess	명 여신	• goat	명 염소
• characteristic	명 특징	• eagle	명 독수리
• combination	명 결합, 조합		

A 영어는 우리말로, 우리말은 영어로 쓰시오. ▶ 단어/숙어 기본 연습

1	vision	_____	21	invasion	_____
2	unlike	_____	22	tempt	_____
3	germ	_____	23	병, 질병	d_____
4	고객, 소비자	c_____	24	시설, 설비	f_____
5	지역의, 현지의	l_____	25	환자	p_____
6	relax	_____	26	독수리	e_____
7	bubble	_____	27	치료	t_____
8	받다	r_____	28	specifically	_____
9	특징	c_____	29	방법	m_____
10	추적하다	t_____	30	염소	g_____
11	sight	_____	31	advertise	_____
12	assistance	_____	32	여신	g_____
13	사생활	p_____	33	방송하다	b_____
14	supplies	_____	34	direct	_____
15	operation	_____	35	myth	_____
16	combination	_____	36	bull	_____
17	organization	_____	37	access to	_____
18	구입하다	p_____	38	go blind	_____
19	personalized	_____	39	be interested in	_____
20	괴물, 괴수	m_____	40	drop off	_____

B 다음 우리말과 같도록 빈칸에 알맞은 말을 쓰시오. ▶ 문장 속 숙어 확인

1 Is there any way to _____ mosquitoes _____? 모기들을 피할 방법이 있나요?

2 Some students _____ _____ depression due to bullying.
일부 학생들은 집단 괴롭힘 때문에 우울증을 앓는다.

3 The Internet _____ _____ _____ _____.
인터넷은 우리 생활의 일부이다.

4 _____ _____ _____ _____ _____,
I invited him to dinner tonight. 사실은, 나는 그를 오늘 저녁 식사에 초대했다.

5 The city hoped many people would _____ _____ the program.
시 당국은 많은 사람들이 그 프로그램으로부터 혜택을 받을 거라고 기대했다.

25 The Boy in the Bubble

How would you feel if you had an incurable disease?

David Vetter was born in 1971. Unlike most babies, he didn't go home after a few days. He had to stay in the hospital. David had a disease called *Severe Combined Immune Deficiency (SCID). It affects the body's *immune system. _____ people with SCID can get sick easily. They usually die at very young ages. 5

(A) David didn't die, but he needed a very clean environment to keep germs away. (B) People soon started calling David "the Boy in the Bubble." (C) So doctors created a bubble, and David lived in it. David had to stay in the bubble at all times. He ate, slept, studied, and relaxed in it. He spent most of his time at the hospital. But his family had a small 10 bubble at their home, too. _____ he sometimes spent a week or two living with his family.

When David was twelve, doctors performed an operation to try to cure the SCID. Unfortunately, it didn't work. David got sick and died a few months later. Although David didn't survive, doctors 15 have done more research on SCID. So they can now help other children suffering from it.

*Severe Combined Immune Deficiency 중증 복합형 면역 결핍증
*immune system 면역 체계

1 David Vetter에 관한 글의 내용과 일치하지 <u>않는</u> 것은?

① He had a problem with his immune system.

② He lived in hospital most of his life.

③ There were two bubbles that he spent time in.

④ Doctors were unable to cure his SCID.

⑤ He could leave his bubble to go to school.

2 (A)~(C)를 글의 흐름에 알맞게 배열한 것은?

① (A)-(B)-(C)   ② (A)-(C)-(B)   ③ (B)-(A)-(C)

④ (B)-(C)-(A)   ⑤ (C)-(B)-(A)

3 글의 빈칸에 공통으로 들어갈 말로 가장 알맞은 것은?

① If   ② But   ③ Or   ④ So   ⑤ Yet

≫ 서술형

4 글의 내용과 일치하도록 다음 질문에 답하시오.

Q: Why did doctors created a bubble for David Vetter?

A: Because _____

≫ 서술형

5 다음 영영 뜻풀이에 해당하는 단어를 글에서 찾아 쓰시오.

_____: the process of cutting into someone's body for a medical reason

26 Personalized Ads

Do you buy things
because of ads?

When you visit some websites, you probably see lots of ads. Do you ever look at any of them? Nowadays, you might see ads for products you are interested in. It may seem as if the companies were advertising specifically to you.

As a matter of fact, some companies are <u>doing that</u> nowadays. ① 5
Thanks to modern technology, companies are using personalized ads. ② Social media giant Facebook uses one popular method. ③ It tracks its users' activities. ④ It notices what they do on their Facebook pages and what they "like" on other pages. ⑤ It also records which other websites they visit and what apps they download. Then, it directs ads to 10 customers for products they might want.

Some people like this. After all, it's nice to receive ads for products that you might actually want to purchase. It's a great way to learn about products you might not know about. Others consider 15 it an invasion of their privacy. They don't want companies to track their online activities. Like it or not, personalized ads are here to stay. And they will become even more common in the future.

GRAMMAR in Textbooks

03행 ▶ as if[though] + 주어 + 과거형 동사: '마치 ~인 것처럼'의 뜻으로 현재 사실과 반대되는 내용을 가정한다.
He behaves **as if** he **were** the boss. 그는 마치 사장인 것처럼 행동한다.
(→ In fact, he is not the boss.)
Sally talks **as if** she **knew** everything. Sally는 마치 모든 것을 아는 것처럼 말한다.
(→ In fact, she doesn't know everything.)

1 개인 맞춤형 광고에 관한 글의 내용과 일치하면 T, 그렇지 않으면 F를 쓰시오.

(1) 개인 맞춤형 광고는 소비자가 구입했던 제품들을 보여준다. _____

(2) 개인 맞춤형 광고는 점점 증가할 것이다. _____

2 글에서 Facebook이 하는 일로 언급되지 않은 것은?

① It tracks the activities of its users.

② It notices what its users "like."

③ It records the websites its users visit.

④ It records the apps its users download.

⑤ It tracks the people its users meet.

3 다음 문장이 들어갈 위치로 가장 알맞은 곳은?

> How do they do this?

①   ②   ③   ④   ⑤

서술형

4 글의 밑줄 친 doing that이 의미하는 내용을 우리말로 쓰시오.

_____

서술형

5 글의 내용과 일치하도록 다음 질문에 답하시오.

Q: Why do some people dislike companies using personalized ads?

A: _____

27 Orbis International

Q How would you feel if you were blind?

Millions of people around the world suffer from vision problems. Lots of them lose their sight and go blind. Thanks to modern medicine, doctors can treat many of these people's problems. Unfortunately, people in some countries lack access to doctors who can help ⓐ them. There are many organizations that fight blindness and other eye problems. One of these groups is Orbis International. 5

Orbis International operates the Flying Eye Hospital. This is a hospital on an airplane. There are classrooms, operating rooms, and other medical facilities on the plane. The pilots, doctors, and nurses are all volunteers. They fly the airplane to various countries. Then, they 10 provide all kinds of assistance. _____, they teach local doctors how to treat certain eye problems and how to do eye surgery. They also perform operations and broadcast them so that doctors can watch the processes.

Before the Flying Eye Hospital leaves an area, it drops off 15 important supplies for doctors. So after it leaves, these doctors can provide low-cost treatment for their patients. Thanks to the Flying Eye Hospital, thousands of people around the world have benefited from the gift of sight.

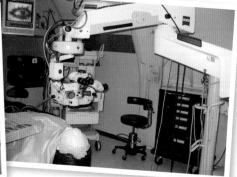

1 글의 밑줄 친 ⓐ them이 가리키는 것은?

① vision problems   ② doctors

③ people in some countries   ④ organizations

⑤ these groups

2 글의 빈칸에 들어갈 말로 가장 알맞은 것은?

① Finally   ② However   ③ As a result

④ For example   ⑤ In other words

3 Orbis International이 하는 일로 언급되지 <u>않은</u> 것은?

① It teaches doctors how to do surgery.

② It performs operations.

③ It helps doctors learn about eye problems.

④ It provides medical supplies.

⑤ It gives glasses to patients.

※   서술형

4 다음 영영 뜻풀이에 해당하는 단어를 글에서 찾아 쓰시오.

_____: someone who does a job willingly without

being paid

※   서술형

5 다음 빈칸에 알맞은 단어를 글에서 찾아 쓰시오.

> Orbis International operates a flying _____
> _____ dedicated to preventing _____ and
> other eye problems around the world.

28 Ancient Greek Monsters

Do you know any monsters in Greek mythology?

The ancient Greeks had many myths. They believed in many gods and goddesses. They told stories about heroes such as Hercules, Theseus, and Perseus. ⓐ <u>They</u> also had a wide variety of monsters in their myths. Interestingly, many of these monsters had characteristics of two or more animals.

5

Lots of Greek monsters were combinations of humans and other animals. One of the most famous monsters was the Minotaur. It was a terrible creature with the body of a man but the head of a bull. The centaur was another type of monster. Only half of it was human. Its upper body looked like a man while its lower body resembled a horse. Sirens looked like women but had wings. They sang along the shore and tempted sailors with their sweet voices.

10

Other Greek monsters lacked human parts. However, they were combinations of other animals. The chimera was made from three animals: a lion, a goat, and a snake. This deadly creature could breathe fire. And the griffon had the body of a lion but the head and wings of an eagle. It was one of the most powerful monsters in Greek mythology.

15

20

GRAMMAR in Textbooks

11행 ▶ 접속사 while: ~하는 동안(시간), ~하는 반면에(대조)

Ted hurt his ankle **while** he was playing football. Ted는 축구를 하는 동안 발목을 다쳤다.

While I'm interested in English, my brother is really into math.
나는 영어에 관심이 있는 반면에, 내 남동생은 수학을 매우 좋아한다.

1   What is the passage mainly about?

① The monsters that Greek heroes fought

② The most popular ancient Greek myths

③ Greek monsters that combined parts of animals

④ The most powerful monsters in Greek mythology

⑤ Greek monsters and creatures that looked like humans

2   Which CANNOT be answered based on the passage?

① What were some monsters with human body parts?

② Which monsters did Hercules fight?

③ What did sirens do to sailors?

④ Which animals was a chimera made from?

⑤ What was a powerful monster in Greek mythology?

3   What did the head of the griffon look like?

① a bull   ② a lion   ③ a goat

④ a snake   ⑤ an eagle

서술형

4   What does the underlined ⓐ They refer to in the passage?

_____

✔ *Summary* Fill in the blanks with the words from the passage.

Ancient Greek Monsters

• The Minotaur had the body of a man and the head of a _____.

• A centaur was half human and half _____.

• Sirens looked like women with _____.

• The _____ and the griffon were combinations of other animals.

focus On Sentences › 중요 문장 다시 보기

A 다음 문장을 밑줄 친 부분에 유의하여 우리말로 해석하시오.

1 He sometimes <u>spent a week or two living</u> with his family.

_____

2 It may seem <u>as if</u> the companies <u>were advertising</u> specifically to you.

_____

3 They perform operations and broadcast them <u>so that</u> doctors can watch the processes.

_____

4 Its upper body looked like a man <u>while</u> its lower body resembled a horse.

_____

B 우리말과 같은 뜻이 되도록 주어진 말을 바르게 배열하시오.

1 그래서 그들은 이제 그것을 앓고 있는 다른 어린이들을 도울 수 있다.

So they can now _____.
　　　　　　　　　　　　(suffering, other, help, it, children, from)

2 그것은 당신이 모를 수도 있는 제품들에 대해 알게 되는 매우 좋은 방법이다.

_____ you might not know about.
　　　(learn, great, a, products, it's, to, way, about)

3 그들은 회사들이 자신들의 온라인 활동들을 추적하는 것을 원하지 않는다.

They don't _____.
　　　　　　　(companies, their, want, online, track, to, activities)

C 우리말과 같은 뜻이 되도록 빈칸에 알맞은 말을 쓰시오.

1 그는 세균들을 멀리하기 위해 매우 깨끗한 환경이 필요했다.

He needed a very clean environment to _____ germs _____.

2 요즘에 당신은 당신이 관심 있는 제품들의 광고를 볼지도 모른다.

Nowadays, you might see ads for products you _____ _____

_____.

3 하늘을 나는 안과 병원은 한 지역을 떠나기 전에 의사들에게 중요한 보급품들을 내려준다.

Before the Flying Eye Hospital leaves an area, it _____
important supplies for doctors.

Unit **08**

29 ## Drone Technology
웅웅~ 만능 재주꾼, 드론

30 ## Electricity in Iceland
자연과 에너지를 하나로

31 ## The Tree of Life
생명의 나무, 바오바브 나무

32 ## The Original Extreme Sport
익스트림 스포츠의 선구자, Annie Edson Taylor

GRAMMAR
in
Textbooks

・가정법 과거완료
If Icelanders **had wanted** to make electricity from fossil fuels, they **would have built** power plants that use coal.

・suggest that+주어(+should)+동사원형
In 1901, someone **suggested that** Annie Edson Taylor **go** over Niagara Falls in a barrel.

Unit 08
Words & Phrases ❯ 중요 단어/숙어 미리 보기

29
Drone Technology

• decade	몡 10년	• aerial	혱 항공의
• have sth in common	~을 공통으로 가지다	• vehicle	몡 차량, 운송 수단
		• remote control	리모컨, 원격 조종
• be known as	~로 알려져 있다	• in need	어려움에 처한
• stand for	~을 나타내다[의미하다]	• deliver	통 배달하다
• unmanned	혱 무인의	• have fun	즐기다, 재미있게 놀다

30
Electricity in Iceland

• Arctic	몡 북극 (the ~)	• renewable	혱 재생 가능한
• volcanic	혱 화산의	• primary	혱 주된
• eruption	몡 폭발, 분출	• drill	통 (드릴로) 구멍을 뚫다
• fossil fuel	화석 연료	• steam	몡 김, 증기
• power plant	발전소	• run out of	~을 다 써버리다, ~가 떨어지다
• rely on	~에 의지하다		

31
The Tree of Life

• height	몡 높이	• upside-down	혱 거꾸로의
• enormous	혱 거대한	• refer to A as B	A를 B라고 말하다[언급하다]
• trunk	몡 (나무의) 몸통	• store	통 저장하다
• diameter	몡 지름	• have to do with	~와 관계가 있다
• branch	몡 나뭇가지		

32
The Original Extreme Sport

• risky	혱 위험한	• drop	몡 하락, 감소; *낙하 거리
• daredevil	몡 저돌적인 사람	• extremely	부 극도로, 매우
• thrilling	혱 스릴 넘치는, 짜릿한	• suggest	통 제안하다
• go over	~을 건너다	• agree	통 동의하다
• barrel	몡 통	• seal	통 밀봉[밀폐]하다
• waterfall	몡 폭포	• make it	성공하다, 해내다
• border	몡 국경	• participate in	~에 참여하다

영어는 우리말로, 우리말은 영어로 쓰시오. ▶단어/숙어 기본 연습

1 동의하다   a_____
2 decade   _____
3 primary   _____
4 extremely   _____
5 리모컨, 원격 조종   r_____
6 (나무의) 몸통   t_____
7 높이   h_____
8 eruption   _____
9 risky   _____
10 seal   _____
11 Arctic   _____
12 upside-down   _____
13 waterfall   _____
14 daredevil   _____
15 국경   b_____
16 김, 증기   s_____
17 vehicle   _____
18 drill   _____
19 thrilling   _____
20 배달하다   d_____

21 enormous   _____
22 화산의   v_____
23 drop   _____
24 나뭇가지   b_____
25 제안하다   s_____
26 barrel   _____
27 unmanned   _____
28 renewable   _____
29 aerial   _____
30 저장하다   s_____
31 diameter   _____
32 be known as   _____
33 go over   _____
34 make it   _____
35 fossil fuel   _____
36 power plant   _____
37 in need   _____
38 stand for   _____
39 rely on   _____
40 refer to A as B _____

B   다음 우리말과 같도록 빈칸에 알맞은 말을 쓰시오. ▶문장 속 숙어 확인

1 My sister and I _____ a lot _____ _____.
   내 여동생과 나는 많은 공통점을 갖고 있다.

2 People of all ages _____ _____ at the festival.
   모든 연령대의 사람들이 그 축제에서 재미있게 논다.

3 We _____ _____ _____ paper for the copy machine.
   우리는 복사 용지가 다 떨어졌다.

4 What do fossil fuels _____ _____ _____ _____

   global warming? 화석 연료는 지구 온난화와 무슨 관계가 있나요?

5 My parents _____ _____ community volunteering.
   나의 부모님께서는 지역 봉사활동에 참여하신다.

29 Drone Technology

In 1903, the Wright brothers flew the world's first airplane. In the decades after the first flight, people made many advances in air technology. They built airplanes and helicopters. These machines looked different and had different characteristics, but each of them had one thing in common: they had pilots. That is changing nowadays thanks to drone technology.

Drones are also known as UAVs. UAV stands for unmanned aerial vehicle. Basically, drones have no pilots but are instead operated by someone on the ground who uses a remote control. Most people know about drones by watching the news. They see some countries' militaries using UAVs. Drones have many more uses these days though.

Some news crews use drones with cameras attached to ⓐ them. Drones can take pictures and videos of places they cannot get to. In Syria, Rwanda, and other countries, ⓑ they drop off food and other supplies to people in need. Major companies such as Amazon.com are developing their own drone technology. Amazon.com hopes to start delivering packages with ⓒ them soon. And, of course, many people use ⓓ them as toys. ⓔ They fly drones that look like helicopters simply to have fun.

1   드론에 관한 글의 내용과 일치하면 T, 그렇지 않으면 F를 쓰시오.

(1) Some countries use drones for military purposes. _____

(2) The first time that a drone flew in the air was in 1903. _____

2   Which CANNOT be answered based on the passage?

① What does UAV mean?

② How are drones operated?

③ Who was the first person to build a drone?

④ What can drones do for news crews?

⑤ How will Amazon.com use drones?

3   글의 밑줄 친 ⓐ~ⓔ 중, 가리키는 대상이 나머지 넷과 다른 것은?

① ⓐ   ② ⓑ   ③ ⓒ   ④ ⓓ   ⑤ ⓔ

※   서술형
4   다음 빈칸에 알맞은 단어를 글에서 찾아 쓰시오.

> Unlike airplanes and helicopters, drones do not have
> _____.

※   서술형
5   글의 내용과 일치하도록 다음 질문에 답하시오.

Q: How do normal people use drones?

A: They think drones are great _____ to _____
   _____ with.

30 Electricity in Iceland

What type of energy is common in your country?

Iceland is a small island in the North Atlantic Ocean. It is near the Arctic, so the weather there is cold most of the year. Iceland is a volcanic island. It was formed due to volcanic eruptions and still has active volcanoes today.

If Icelanders had wanted to make electricity from fossil fuels, they would have built power plants that use coal. But they preferred to protect the environment. So they relied on renewable energy sources. Today, Iceland gets 100% of its electricity from renewable resources. Its primary source is *hydroelectric. The country has many glaciers and mountains. Thus, there are lots of fast-running rivers. Many of these rivers have dams where electricity is produced.

*Geothermal energy also creates a large amount of electricity in Iceland. The active volcanoes there make the ground very hot. (A) Pipes are drilled into the ground near magma pools. (B) The steam then creates electricity in turbines. (C) Water is sent into the pipes and turns into steam because of the magma. Like hydroelectric energy, geothermal energy is renewable. So Icelanders will never run out of these two types of energy.

*hydroelectric 수력 전기의
*geothermal 지열의

GRAMMAR in Textbooks

05행 ▶ 가정법 과거완료: 과거 사실과 반대되는 내용을 가정할 때는 'If + 주어 + had p.p., 주어 + 조동사 과거형 + have p.p.'로 나타내고 '(그때) 만약 ~이었다면, …이었을 것이다'로 해석한다.

If I **had had** some money, I **would have bought** the shoes.

(= As I didn't have any money, I didn't buy the shoes.)
내게 돈이 있었다면, 그 신발을 샀을 것이다.

If he **had been** careful, the accident **wouldn't have happened**.

(= As he wasn't careful, the accident happened.)
그가 조심했다면, 그 사고는 일어나지 않았을 것이다.

1 글의 주제로 가장 알맞은 것은?

① The benefits of geothermal energy
② Why people want to live in Iceland
③ The best types of renewable energy
④ Why Iceland has the cleanest energy
⑤ The way to make hydroelectric power

2 글에 따르면, 아이슬란드에서 가장 많은 전력을 생산하는 것은?

① 태양열　　　　　　② 수력　　　　　　③ 화석 연료
④ 지열　　　　　　　⑤ 원자력

3 (A)~(C)를 글의 흐름에 알맞게 배열한 것은?

① (A)-(B)-(C)　　　② (A)-(C)-(B)　　　③ (B)-(A)-(C)
④ (B)-(C)-(A)　　　⑤ (C)-(B)-(A)

※ 서술형

4 글의 내용과 일치하도록 다음 질문에 답하시오.

Q: Why is the ground in Iceland hot?
A: Because there are _____ in
Iceland

※ 서술형

5 다음 빈칸에 알맞은 단어를 글에서 찾아 쓰시오.

> Iceland gets all of its electricity from _____
> energy sources such as _____ power from
> rivers and _____ energy from the ground.

친환경 재생 에너지

우리가 사용하는 에너지 대부분은 화석 연료에서 나온다. 화석 연료는 석탄처럼 식물이나 동물이 땅속에 묻혀 화석처럼 굳어져 연료로 이용되는 물질이다. 화석 연료는 만들어지는 시간에 비해 소비하는 속도가 빠르고 지구 온난화 등 기후 변화에 영향을 끼쳐 환경문제를 일으킨다. 이에 대한 대안으로 사람들은 지속 가능하고 환경 친화적인 에너지를 개발하기 시작했다. 태양열, 태양광, 수력, 풍력, 파도를 이용한 파력, 밀물과 썰물을 이용한 조력, 지열 등이 신재생 에너지로 각광받고 있다. 하지만 이러한 신재생 에너지는 개발 비용이 많이 들고 많은 양의 에너지가 필요한 곳에는 부적합하다는 의견도 있다.

31 The Tree of Life

How do trees
benefit humans?

One of the most unique trees in Africa is the baobab tree. It can grow to a height of around 30 meters. It has an enormous trunk as well. Many have trunks with a diameter of 15 meters. The tree looks strange, too. Its branches grow so that they look like roots. For that reason, many Africans call it the upside-down tree.

Africans also refer to it as the tree of life. There are two reasons for this. First, the tree stores water in its trunk. Some baobabs contain more than 100,000 liters of water. The tree grows in hot environments such as deserts. So it often provides water for Africans. When they want water, Africans drill holes in a baobab. This lets them access the water found inside the tree.

A second reason the baobab is considered the tree of life has to do with its fruit. ⓐ It is about the size of a coconut. But ⓑ it is called monkey bread because monkeys love eating ⓒ it. ⓓ It tastes like ice cream and contains several vitamins. Because the baobab has provided Africans with water and food for thousands of years, ⓔ it has earned its nickname.

1 Why do Africans call the baobab tree the upside-down tree?

① Its roots grow up in the air.

② Its branches look like roots.

③ Its roots are longer than its trunk.

④ Its roots grow deep in the ground.

⑤ Its trunk grows down instead of up.

2 baobab tree에 관한 글의 내용과 일치하면 T, 그렇지 않으면 F를 쓰시오.

(1) Some baobab trees have more than one million liters of water. _____

(2) Monkey bread is the name of the fruit of the baobab tree. _____

3 글의 밑줄 친 ⓐ~ⓔ 중, 가리키는 대상이 나머지 넷과 다른 것은?

① ⓐ   ② ⓑ   ③ ⓒ   ④ ⓓ   ⑤ ⓔ

서술형

4 다음 영영 뜻풀이에 해당하는 단어를 글에서 찾아 쓰시오.

_____ : a straight line that passes through the center of a circle

✔ *Summary* **Fill in the blanks with the words from the passage.**

The Baobab Tree

• Grows in _____ and can be 30 meters high and 15 meters wide

• Is called the tree of life since its _____ contains water

• Africans can _____ holes in the tree to get water.

• Its fruit is called monkey bread and tastes like _____.

32 The Original Extreme Sport

Q How do you feel about extreme sports?

Some people don't enjoy playing sports such as baseball, tennis, or soccer. For them, those sports aren't risky enough. That is why extreme sports are popular nowadays. Daredevils like to go hang-gliding, ski down dangerous mountains, and go scuba diving with sharks. They find these activities thrilling.

In the early 1900s, there was another thrilling activity a few brave people did. They went over Niagara Falls while they were inside a barrel. Niagara Falls is a huge waterfall between the border of Canada and the United States. ⓐ It is more than 50 meters high. The high drop and powerful waters are extremely deadly.

But the danger didn't stop some people. In 1901, someone suggested that Annie Edson Taylor go over Niagara Falls in a barrel. Taylor was 61 years old then and agreed. She wanted to make money by doing that. On October 24, she sealed herself in a barrel and went over the falls. When the barrel was open, she had a cut on her head, but she had made it. Taylor never got rich, but she became the first person to participate in the original extreme sport.

GRAMMAR in Textbooks

12행 ▶ suggest that + 주어(+ should) + 동사원형: 제안, 요구, 주장, 명령 등을 나타내는 동사(suggest, advise, insist, recommend, demand, request 등) 뒤에 오는 that절에서는 동사의 형태를 'should + 동사원형'으로 쓴다. 이때 should는 생략 가능하다.
I **advised that** she **(should) go** to the dentist. 나는 그녀에게 치과에 가보라고 조언했다.
He **insisted that** the problem **(should) be** discussed immediately.
그는 그 문제가 즉시 논의되어야 한다고 주장했다.

1   Which CANNOT be answered based on the passage?

    ① What are some examples of extreme sports?

    ② Why do people like to do extreme sports?

    ③ How old was Annie Edson Taylor when she went over Niagara Falls?

    ④ What happened to Annie Edson Taylor while she went over Niagara Falls?

    ⑤ What other extreme sports did Annie Edson Taylor do?

2   Why did Annie Edson Taylor agree to go over Niagara Falls?

    ① She wanted to be on TV.

    ② She wanted to see the falls.

    ③ She thought it would be fun.

    ④ She wanted to earn money.

    ⑤ She wanted to visit Canada.

3   Write T if the statement is true about Annie Edson Taylor or F if it is false.

    (1) She successfully went over Niagara Falls in a barrel. _____

    (2) She became rich after she completed the challenge. _____

≫   서술형
4   What does the underlined ⓐ It refer to in the passage?

    _____

≫   서술형
5   Find the word in the passage which has the given meaning.

    _____: extremely exciting

focus On Sentences › 중요 문장 다시 보기

A 다음 문장을 밑줄 친 부분에 유의하여 우리말로 해석하시오.

1 Some news crews use drones <u>with cameras attached to them</u>.

_____

2 <u>If</u> Icelanders <u>had wanted</u> to make electricity from fossil fuels, they <u>would have built</u> power plants that use coal.

_____

3 Its branches grow <u>so that</u> they look like roots.

_____

4 In 1901, someone <u>suggested that</u> Annie Edson Taylor <u>go</u> over Niagara Falls in a barrel.

_____

_____

B 우리말과 같은 뜻이 되도록 주어진 말을 바르게 배열하시오.

1 그들은 일부 국가들의 군대들이 UAV를 사용하고 있는 것을 본다.

They _____ .

(militaries, some, UAVs, countries', see, using)

2 아프리카 인들은 또한 그것을 생명의 나무라고도 말한다.

Africans also _____ .

(life, to, refer, the, it, of, as, tree)

3 바오바브 나무는 수천 년 동안 아프리카 인들에게 물과 음식을 제공해왔다.

The baobab _____ for thousands of years.

(water, provided, food, with, has, Africans, and)

C 우리말과 같은 뜻이 되도록 빈칸에 알맞은 말을 쓰시오.

1 이 기계들은 한 가지 공통점이 있었다.

These machines _____ one thing _____ _____ .

2 UAV는 무인 항공기를 나타낸다.

UAV _____ _____ unmanned aerial vehicle.

3 바오바브 나무가 생명의 나무로 여겨지는 두 번째 이유는 그것의 열매와 관계가 있다.

A second reason the baobab is considered the tree of life _____

_____ _____ _____ its fruit.

내신공략! 독해공략!

내공
중학영어독해

실력**2**

정답 및 해설

DARAKWON

UNIT 01

Words & Phrases

A

1 prefer	2 완전히	3 거리	4 climate	5 단단한, 견고한
6 필요로 하다	7 order	8 view	9 cause	10 ~할 수 있게 하다
11 조각상	12 pond	13 melt	14 fire	15 중요하다, 문제가 되다
16 condition	17 없어진	18 빙하	19 완성하다, 끝마치다	20 비료
21 치료되지 않은	22 feed	23 붙이다	24 작업장	25 temperature
26 경사면, (스키장의) 슬로프	27 믿을 수 없을 정도의, 굉장한	28 sculpt	29 비옥한	
30 net	31 촉진하다, 홍보하다	32 민물의, 담수의	33 고도	
34 조각가	35 toe	36 대성당	37 조각하다, 새기다	38 marble
39 잠시 후	40 절단하다			

B

1 Fill, with	2 get better	3 would, like to	4 are diagnosed with	5 below freezing

---

01 Catfish Farming

정답

1 ④ 2 ③ 3 ③, ④ 4 to keep animals such as snakes and frogs out of them

| Summary | 4, 1, 3, 2

지문 해석

메기는 전 세계의 담수 지역에서 산다. 많은 사람들이 메기의 맛을 매우 좋아하지만 낚시하러 갈 시간이 없다. 그들은 상점에서 메기를 사는 것을 더 선호한다. 그 결과 요즘은 메기 양식이 인기를 얻고 있다. 메기 양식을 해 보고 싶은가? 그것은 단지 몇 가지 간단한 단계만을 필요로 한다.

우선, 당신은 메기 연못이 필요하다. 그것은 최소한 1에이커 규모여야 하고 1에서 2.5미터 사이의 깊이여야 한다. (연못은 호수보다 더 작다.) 연못이 마련된 후에는 그 안에 비료를 넣어라. 그것은 흙을 비옥하게 만들어서 수중 식물들이 자라게 할 것이다. 그 다음에, 연못을 깨끗한 물로 채워라. 많은 양식업자들은 뱀과 개구리 같은 동물들이 연못에 들어오지 못하도록 연못 주위에 그물을 친다.

이제 물고기를 넣을 준비가 되었다. 4 또는 5센티미터 정도 길이의 작은 메기를 사서 연못에 넣어라. 반드시 하루에 두 번 그것들에게 먹이를 주도록 해라. 시간이 지나면 메기는 더 크게 자랄 것이다. 그것들을 잘 돌보면 당신의 1에이커짜리 연못은 매년 메기 1톤을 생산하게 될 것이다.

문제 해설

1 첫 번째 단락의 마지막 두 문장을 통해 이 글이 메기 양식을 하기 위한 몇 가지 준비 단계를 소개하는 것임을 알 수 있다. 따라서 ④ '메기 양식업자가 되는 법'이 주제로 가장 알맞다.
　① 메기는 어디에서 쉽게 살 수 있는가　　　　② 메기를 잡을 수 있는 가장 좋은 방법들
　③ 사람들이 메기 키우는 것을 좋아하는 이유　　⑤ 연못에 사는 메기에게 먹일 수 있는 것

2 메기 양식을 위해 연못을 만드는 과정을 설명하고 있는 단락이다. (c) '연못은 호수보다 더 작다'는 단락의 내용과 무관하다.

3 메기는 담수에 사는 물고기이고(1행) 4~5센티미터 길이의 작은 메기를 연못에 넣으라고 했으므로(12~13행) ③, ④가 일치하지 않는 내용이다.

4 두 번째 단락 마지막 문장에 그물을 치는 이유가 언급되어 있다.
　Q: 양식업자는 왜 연못 주위에 그물을 치는가?
　A: 그들은 뱀과 개구리 같은 동물들이 연못에 들어오지 못하게 하기 위해 그렇게 한다.

메기 양식	
• 연못을 작은 메기들로 채워라.	4
• 비료를 연못에 넣어라.	1
• 연못 주위에 그물을 쳐라.	3
• 연못을 깨끗한 물로 채워라.	2

구문 해설

02행 They **prefer to buy** catfish at stores.
- prefer는 '선호하다'의 의미로 동명사와 to부정사를 모두 목적어로 취한다. 단, 뒤에 비교 대상이 이어지는 경우에는 앞에 to 또는 rather than을 사용한다.
  cf. They **prefer** *buying* catfish at stores **to** *going* fishing.
  They **prefer** *to buy* catfish at stores **rather than** *to go* fishing.

08행 That will **make the soil fertile**, so water plants will grow.
- 〈make + 목적어 + 형용사〉는 '~을 …하게 만들다'의 의미이다.

10행 Many farmers put nets around their ponds **to** ***keep*** animals such as snakes and frogs *out of* them.
- to keep은 to부정사의 부사적 용법으로 목적을 나타낸다.
- 〈keep A out of B〉는 'A를 B에 못 들어오게 하다', 'A를 B로부터 떨어져 있게 하다'라는 의미이다. out of의 목적어 them은 ponds를 가리키므로, 해석하면 '뱀과 개구리 같은 동물들이 연못에 들어오지 못하게 하기 위해'가 된다.

13행 **Be sure to** ***feed*** *them food* twice a day.
- be sure to-v는 '(반드시, 꼭) ~하도록 하다'의 의미이다.
- 〈feed A B〉는 'A에게 B(먹이)를 주다'의 의미이다.

02 A Lego Leg

p.014

정답 **1** ⑤ **2** (1) T (2) F **3** ⑤ **4** They cut off the toes on his right foot.
5 레고로 의족을 만드는 것

지문 해석 Matt Cronin이 29세였을 때 그는 당뇨병으로 진단받았다. 안타깝게도 의사들은 그가 약 10년 전에 당뇨병에 걸렸다고 믿었다. 그 결과 Cronin은 여러 해 동안 치료되지 않은 상태로 있었다. 이것은 그의 신체가 몇 가지 문제를 일으키는 원인이 되었다. 한 가지는 그의 다리에 있었다. 처음에 의사들은 그의 오른쪽 발의 발가락들을 절단해야만 했다. 그의 다리는 회복되지 않았고, 그래서 그들은 다음에 그의 발을 절단했다.

(C) Cronin은 짚고 걷기 위한 의족을 주문했다. (B) 그러나 그는 회사가 그것을 만드는 것을 기다려야만 했다. (A) 어느 날, 그는 자신의 아내와 딸이 레고를 가지고 놀고 있는 것을 지켜보고 있었다. 갑자기 Cronin에게 아이디어가 떠올랐다. 그는 많은 레고 블록들을 서로 붙였다. 잠시 후, 그는 완전히 레고로 만들어진 매우 알록달록한 의족을 갖게 되었다. 비록 그것이 영리한 아이디어이긴 했지만 Cronin은 자신의 레고 다리로 걸어 다닐 수 없었다. 하지만 그의 레고 다리는 그가 일어설 수 있게 해주었다. 그래서 그는 그 레고 다리로 무엇을 했을까? 그는 그것을 미술 작품처럼 그의 거실에 보관했다.

문제 해설 **1** 이 글은 당뇨병으로 발을 절단하게 된 한 남자가 레고를 이용하여 의족을 만든 일화를 소개하고 있다.
① 당뇨병의 위험
② Matt Cronin과 그의 가족
③ 당뇨병을 치료하는 가장 좋은 방법

④ 레고 놀이를 하며 즐겁게 놀기

⑤ 한 남성이 새로운 형태의 다리를 얻게 된 방법

2 (1) 29세에 당뇨병 진단을 받았으나 의사들이 10년 전에 걸린 것으로 생각했으므로 맞는 진술이다. (1~3행)

(2) 걸어 다니지는 못했고 일어설 수만 있었다고 했으므로 틀린 진술이다. (11~13행)

(1) 그는 29세 이전에 당뇨병에 걸렸다.

(2) 그의 레고 다리는 걸어 다닐 수 있을 만큼 충분히 튼튼했다.

3 (B) 앞에는 의족을 주문했다는 내용의 (C)가 와야 적절하다. 레고 놀이를 지켜보고 있었다는 (A)는 아이디어를 얻었다는 내용 앞에 와야 자연스러우므로 (C)-(B)-(A)의 순서가 되어야 한다.

4 4행의 First로 시작되는 문장이 의사들이 Cronin의 다리를 회복시키기 위해 처음 한 시술이다.

Q: 의사들은 Cronin이 회복되게 하기 위해 처음에 어떻게 했나?

A: <u>그들은 그의 오른쪽 발의 발가락들을 절단했다.</u>

5 an idea 뒤에 나오는 두 문장을 통해 Cronin이 레고를 이용하여 의족을 만들었다는 것을 알 수 있다.

구문 해설

02행 Unfortunately, doctors believed he **had gotten** diabetes about 10 years earlier.
- 과거완료 had gotten은 주절의 동사 believed보다 더 먼저 있었던 일을 나타낸다.

07행 One day, he was **watching his wife and daughter playing** with Legos.
- 〈watch + 목적어 + 동사원형/현재분사〉는 '~가 …하는 것을 지켜보다'의 의미이다.

08행 But he had to wait **for a company to make** it.
- to부정사의 의미상 주어와 문장 주어가 다르므로 의미상 주어 for a company를 부정사 앞에 따로 명시해 놓았다.

08행 Cronin ordered an artificial leg **to walk on**.
- to walk on은 artificial leg를 수식하는 형용사적 용법의 to부정사이다. 수식을 받는 명사 an artificial leg는 전치사 on의 목적어이므로 부정사 뒤에 전치사 on을 반드시 써야 한다. (e.g. I need a chair to sit on.)

03 Glacier Skiing

p.016

정답　　**1** ③　　**2** ④　　**3** ⑤　　**4** incredible　　**5** glaciers, mountains, anytime

지문 해석　봄이 오면 전 세계 스키 리조트들은 몇 달 동안 폐장한다. 눈이 없으면 스키를 타고 슬로프를 내려가는 것은 불가능하다. 그러나 절대 문을 닫지 않는 운 좋은 리조트들이 몇 개 있다. 사실 이곳들은 종종 겨울보다 여름에 더 좋은 스키를 제공한다. 그곳들은 빙하 스키를 홍보한다. 그렇다. 사람들이 산악 빙하에서 스키를 탈 수 있다.

　빙하는 얼음으로 된 거대한 지역이다. 그것들은 알래스카, 캐나다, 시베리아와 같이 추운 지역들의 낮은 고도에서 발견될 수 있다. 하지만 빙하는 더 따뜻한 기후에서도 발견될 수 있다. 이런 경우 빙하는 산 높은 곳에 위치한다. 해발 수천 미터에서는 기온이 거의 항상 영하이다. 이것은 빙하가 여름에도 녹지 않는다는 것을 의미한다.

　사람들은 여러 가지 이유로 빙하 스키를 즐긴다. 우선 그들은 종종 먼 거리를 스키를 탈 수 있다. 어떤 코스들은 길이가 20킬로미터 이상이다. 게다가 빙하는 산의 매우 높은 곳에 위치해 있어서 그곳에서 보는 경치는 믿기 힘들 정도이다. 마지막으로 빙하 스키를 타는 사람들은 일년 내내 스키를 탈 수 있다. 12월이든 7월이든 상관없다. 그들은 원하는 언제든지 스키를 타러 갈 수 있다.

문제 해설　**1** 빙하는 추운 지역들의 낮은 고도에서 발견되지만, 따뜻한 기후라도 산 높은 곳에서 발견될 수 있다고 했으므로 ③ '일부 산에 존재한다'가 글의 내용과 일치한다. (8~9행)

[문제] 빙하에 관한 글의 내용과 일치하는 것은?

① 여름에는 녹는다.　　　　　　　② 추운 곳에서만 발견된다.

④ 해마다 더 커지고 있다.　　　　⑤ 스키를 타기에는 너무 위험하다.

2 빙하 스키를 탈 수 있는 나라에 대해서는 언급되지 않았다.

　① 빙하는 낮은 고도의 어디에서 발견될 수 있는가? (6~7행)

　② 일부 빙하는 따뜻한 기후에서 어떻게 존재할 수 있는가? (7~11행)

　③ 사람들은 연중 어느 때 빙하 스키를 탈 수 있는가? (15~16행)

　④ 사람들이 빙하 스키를 타는 나라들은 어디인가? (언급되지 않음)

　⑤ 사람들은 왜 빙하 스키를 타는 것을 좋아하는가? (마지막 문단)

3 빈칸 앞은 사람들이 빙하 스키를 즐기는 첫 번째 이유에 대한 설명이고 빈칸 뒤는 두 번째 이유를 설명하는 내용이므로 ⑤ '게다가'가 가장 알맞다.

　① 마침내　　　② 그러나　　　③ 그러므로　　　④ 그 결과

4 '놀라운 또는 믿기 힘든'의 의미를 가진 단어는 incredible(믿을 수 없을 정도의, 굉장한)이다. (15행)

5 어떤 빙하들은 산 높은 곳에 위치하고 있어서 사람들이 원하는 언제든지 빙하 스키를 타러 갈 수 있다.

구문 해설　**02행**　Without any snow, **it**'s impossible **to ski down the slopes**.

　　　• it은 가주어이고 to ski down the slopes가 진주어이다.

02행　There are some lucky **resorts** [**that** never close] though.

　　　• [ ]는 resorts를 수식하는 주격 관계대명사절이다.

06행　They **can be found** at low altitudes in cold places such as Alaska, Canada, and Siberia.

　　　• 조동사의 수동태는 〈조동사 + be + p.p.〉로 나타낸다. can be found은 '발견될 수 있다'의 의미이다.

16행　**It doesn't matter** if it's December or July.

　　　• it doesn't matter는 '문제되지 않는다, 상관없다'의 의미이다. *cf.* matter: v. 중요하다, 문제가 되다

04 An Impressive Work of Art

정답　**1** ⑤　**2** ⑤　**3** ⑤　**4** very poor condition　**5** ⓐ the project　ⓑ the block of marble

지문 해석　1466년 이탈리아의 예술가 Agostino di Duccio(아고스티노 디 두초)는 거대한 대리석 덩어리에 작업을 하기 시작했다. 그는 피렌체 대성당을 위한 조각상을 조각하려고 했다. Agostino는 조각을 시작했지만 많이 하지는 않았다. 겨우 다리와 발의 일부분만 조각했을 뿐이었다. 그 후 그는 그 일을 진행하는 것을 중단했다. 십 년 후에 Antonio Rossellino(안토니오 로셀리노)가 그것을 다시 시작했다. 하지만 그는 많은 작업을 할 수 있기도 전에 해고되었다.

　그 후 25년 동안 아무도 그 대리석 덩어리를 가지고 작업을 하지 않았다. 그러다가 1501년에 새로운 예술가가 그것을 조각하기 시작했다. 처음에 그는 매우 속상했다. 그 대리석은 견고한 덩어리가 아니었다. 거기에서 없어진 부분들이 있었다. 그것은 또한 오랫동안 바깥에 놓여 있었다. 그래서 그 대리석은 매우 나쁜 상태였다. 그러나 이러한 문제점들이 그 예술가를 멈추게 하지는 않았다. 그는 그 대리석을 자신의 작업장으로 가져와서 조각을 시작했다.

　1504년에 그 조각상이 완성되었다. 그것은 간단히 〈다비드〉라고 불렸다. 그것은 이탈리아 르네상스 시기에 만들어진 가장 유명한 작품들 중 하나가 될 것이었다. 그 조각가는 Michelangelo(미켈란젤로)였다. 다른 예술가들은 그 대리석 속에 감춰진 조각상을 볼 수 없었다. 하지만 그는 할 수 있었다.

문제 해설　**1** Michelangelo의 다비드 상이 만들어진 과정을 소개하고 있으므로 ⑤ '다비드 상은 어떻게 만들어졌는가'가 가장 알맞다.

　　[문제] 글의 제목으로 가장 알맞은 것은?

　　① 피렌체 대성당을 위한 조각상들　　　② Michelangelo의 유명한 작품들

　　③ 다비드 상은 왜 유명한가　　　④ 르네상스 미술의 특징들

2 다비드 상의 이름의 유래는 언급되어 있지 않다.

[문제] 글을 읽고 다비드 상에 관해 답할 수 <u>없는</u> 질문은?

① 그 조각상은 무엇으로 만들어졌는가? (12~13행)

② 누가 처음 그 상을 조각하기 시작했는가? (1~2행)

③ Antonio Rossellino는 왜 그 상을 조각하는 것을 중단했는가? (5~6행)

④ 그 상은 언제 완성되었는가? (13행)

⑤ 그 상은 왜 〈다비드〉라고 이름 지어졌는가? (언급되지 않음)

3 Agostino는 ⑤ '다리와 발의 일부분'만 조각했다고 했다. (3~4행)

[문제] Agostino di Duccio는 그 덩어리를 얼만큼 조각했는가?

① 머리 대부분　　② 양쪽 팔　　③ 몸의 절반　　④ 왼쪽 다리 전체

4 대리석에서 없어진 부분이 있거나 오래도록 바깥에 있어서 매우 나쁜 상태였다고 했다. (9~11행)

[문제] 그 상의 조각을 시작했을 때 Michelangelo는 왜 속상해 했는가?

대리석이 매우 나쁜 상태였기 때문에

5 ⓐ는 Antonio Rossellino가 다시 시작한 것으로 앞 문장의 the project를 가리키고, ⓑ는 Michelangelo가 조각하기 시작한 것으로 앞 문장의 the block of marble을 가리킨다.

[문제] 글의 밑줄 친 ⓐ와 ⓑ가 가리키는 것은?

구문 해설

05행　However, he **was fired** before he could do much work.
- fire는 동사로서 '해고하다'의 뜻이므로, was fired는 수동태(be + p.p.)로 '해고되었다'의 의미이다.

10행　It **had** also **been** outside for a long time.
- 과거완료(had + p.p.)의 계속 용법으로 과거 어느 시점 이전부터 그 시점까지 계속되어 온 상태를 나타낸다.

12행　He **had the marble brought** to his workshop and started sculpting.
- 〈have/get + 목적어 + p.p.〉는 '(다른 사람에 의해) ~가 …되게 하다'의 의미로 목적어와 목적보어(p.p.)가 수동의 관계이다.

13행　It would become one of the best-known works **created during the Italian Renaissance**.
- created ~ Renaissance는 works를 수식하는 과거분사구이다.

focus On Sentences

p.020

A　**1** 의사들은 그가 약 10년 전에 당뇨병에 걸렸다고 믿었다.

　　　2 그의 레고 다리는 그가 일어설 수 있게 해주었다.

　　　3 눈이 없으면 스키를 타고 슬로프를 내려가는 것은 불가능하다.

　　　4 12월이든 7월이든 상관없다.

B　**1** Many people love the taste of catfish but <u>don't have time to go fishing</u>.

　　　2 One day, he was <u>watching his wife and daughter playing with Legos</u>.

　　　3 He <u>had the marble brought to his workshop</u> and started sculpting.

C　**1** Next, <u>fill</u> the pond <u>with</u> clean water.

　　　2 When Matt Cronin was 29 years old, he <u>was diagnosed with</u> diabetes.

　　　3 Thousands of meters above sea level, the temperature is almost always <u>below freezing</u>.

UNIT 02

Words & Phrases

A

1 land	**2** 전투	**3** 넓은
4 거절하다, 거부하다	**5** lie	

1 land **2** 전투 **3** 넓은 **4** 거절하다, 거부하다 **5** lie

6 그늘지게 하다 **7** prove **8** 매력적인 **9** 도구 **10** positive

11 fuel **12** 경쟁하다 **13** mission **14** 작물 **15** politics **16** 건너다

17 crowd **18** 힘든; 강인한 **19** 추가로 **20** 들판 **21** 영양소, 영양분

22 president **23** 실험적인, 실험용의 **24** 선거 **25** weed **26** pollute

27 먼지, 때; 흙 **28** speech **29** 완두콩 **30** 기계적인 **31** 정원사 **32** affect

33 승무원 **34** 총알 **35** resource **36** 영향, 효과 **37** screen **38** 호박

39 ~ 때문에 **40** 또한, 역시

B

1 is full of **2** run for **3** am able to **4** get rid of **5** is about to

05 A Solar-Powered Plane

정답

1 ② **2** ⑤ **3** ⑤ **4** 태양 에너지만을 사용해서 전 세계를 비행하는 것

| Summary | Pacific Ocean, solar power, crew, mission

지문 해석

제트 비행기로 여행하는 것은 요즘 한 곳에서 다른 곳으로 가는 가장 빠른 방법이다. 불행히도 대형 여객기는 많은 양의 연료가 필요하고 환경 또한 오염시킨다. 어떠한 연료도 태우지 않거나 오염을 일으키지 않고 전 세계를 비행할 수 있다고 상상해 보라. 그 일은 당신이 생각하는 것보다 더 빨리 일어날지도 모른다.

2016년 봄 Solar Impulse 2가 미국 캘리포니아 주에 착륙했다. 그것은 막 태평양을 건너 날아왔다. 그 비행기가 여정을 끝마치는 데는 사흘이 걸렸다. 이것은 믿을 수 없을 정도로 느렸다. 어쨌든 현대의 제트기는 태평양을 10시간 이내로 건널 수 있다. 하지만 Solar Impulse 2는 보통의 제트기가 아니다. 그것은 태양 에너지를 이용하는 실험용 비행기이다.

승무원들의 목표는 오직 태양 에너지만을 사용해서 전 세계를 비행하는 것이었다. 그들은 기계적인 이유들 때문에 많은 문제들을 겪었다. 그래서 그들은 아직 임무를 완수하지 못했다. 하지만 언젠가는 해낼 것이다. 그리고 아마도 그들의 비행기를 더 좋게 만들 것이다. 그래서 미래의 태양광 비행기는 더 크고 더 빨라질 것이다. 미래에는 승객들이 그것들을 타고 세계를 비행하게 될지도 모른다.

문제 해설

1 Solar Impulse 2는 태양 에너지를 사용하는 실험용 비행기이다. (10행)

2 태양광 비행기는 아직 시험 단계라서 느리지만, 태양 에너지를 이용함으로써 오염을 일으키지 않기 때문에, ⑤ '환경에 더 좋다'가 가장 알맞다.

[문제] 일반 비행기와 비교했을 때, 태양광 비행기의 장점은 무엇인가?

① 더 빠르다. ② 더 크다.

③ 더 오래 비행할 수 있다. ④ 개발하는 데 비용이 더 저렴하다.

3 ⓐ~ⓓ는 the crew를 가리키고, ⓔ의 them은 앞 문장의 solar airplanes를 가리킨다.

4 마지막 단락 첫 문장에 태양 에너지만을 사용해서 전 세계를 비행하는 것이 승무원들의 목표라고 언급되어 있다. The crew's goal이 바로 their mission에 해당된다. (11~12행)

| *Summary* |

승무원   임무   태양 에너지   태평양

Solar Impulse 2는 2016년 봄에 <u>태평양</u>을 횡단하여 비행했다. 그것은 <u>태양 에너지</u>를 사용하기 때문에 여정을 끝마치는데 사흘이 걸렸다. <u>승무원</u>들은 태양 에너지만을 사용해서 전 세계를 비행하고 싶어한다. 그들은 그들의 <u>임무</u>를 아직 완수하지 못했다. 하지만 미래에 태양열 비행기는 더 크고 더 빨라질 것이다.

구문 해설

03행 **Imagine being able to fly** around the world *without burning* any fuel or *creating* any pollution.

- 〈be able to-v〉는 '~할 수 있다'의 의미이다. imagine의 목적어로 동명사 being이 쓰였다.
- 〈without -ing〉는 '~하지 않고'의 의미이다. without의 목적어로 burning과 creating이 쓰였다.

07행 **It took the plane three days to finish** the trip.

- 〈It takes + A + 시간 + to-v〉는 'A가 ~하는 데 …의 시간이 걸리다'의 의미이다.
  (= It took three days for the plane to finish the trip. / The trip took the plane three days to finish.)

11행 The crew's goal was **to fly** around the world only *by using* solar power.

- to fly는 주격보어로 쓰인 명사적 용법의 to부정사로 '비행하는 것'으로 해석한다.
- 〈by -ing〉는 '~함으로써'의 의미이다.

06 Diamond Mining

p.026

정답   **1** ③   **2** ②   **3** ⑤   **4** ⓐ a diamond   ⓑ dirt   **5** diamonds, screens, water

지문 해석

다이아몬드 하나에 8달러를 지불하고 싶은가? 그것은 1 또는 2캐럿이 될지도 모른다. 혹은 훨씬 더 클 수도 있다. 당신은 그것을 구하러 상점을 방문할 필요가 없을 것이다. 그러나 당신은 더러워져야 할 것이다. 그리고 하루 종일 햇빛 속에서 열심히 일해야 할지도 모른다.

싼 가격에 다이아몬드를 얻는다는 것이 당신에게 매력적으로 들린다면 미국의 아칸소 주에 가 보라. (아칸소 주는 미국의 50개 주 중 하나이다.) 그곳은 다이아몬드 분화구 주립공원이 위치해 있는 곳이다. 그곳은 거의 40에이커의 땅에 걸쳐 있는 거대한 들판이다. 그리고 그곳은 흰색, 갈색, 황색 다이아몬드로 가득 차 있다.

당신이 하는 것은 이렇다. 공원에 가서 입장료를 지불하라. 그 다음 들판을 지나 걸어가라. 가끔씩 당신은 다이아몬드가 땅에 놓여 있는 것을 볼 수 있다. 어떤 사람들은 흙을 파낸 다음 다이아몬드를 찾기 위해 그것을 살펴본다. 그리고 또 다른 사람들은 많은 양의 흙을 작은 철망이 달린 상자에 담는다. 그리고 나서 그들은 그 흙을 제거하기 위해 그 상자들을 물속에 넣는다. 그러면 다이아몬드와 다른 암석들만 남는다. 아, 당신은 도구들을 가져오는 것을 잊었는가? 걱정하지 마라. 당신은 그것들을 공원에서 대여할 수 있다. 하지만 그것은 추가로 비용이 들 것이다.

문제 해설

1 직접 다이아몬드를 채굴할 수 있는 아칸소 주의 다이아몬드 분화구 주립공원에 대해 소개하고 있으므로 ③ '당신이 직접 다이아몬드를 발견하는 방법'이 가장 알맞다.

    ① 다이아몬드: 매우 귀중한 보석   ② 사람들은 왜 다이아몬드를 좋아하는가?

    ④ 아칸소 주에서 방문하기 가장 좋은 장소들   ⑤ 미국의 유일한 다이아몬드 광산

2 아칸소 주에 있는 다이아몬드 분화구 주립공원을 소개하는 단락이므로 아칸소 주에 관한 내용인 (b)는 글의 흐름과 관계가 없다.

3 글 마지막 문장에서 장비를 대여하는 것은 추가로 비용이 든다고 했으므로 ⑤는 내용과 일치하지 않는다. (16~18행)

4 ⓐ의 it 앞에서 계속 언급되는 it은 첫 번째 문장의 a diamond를 가리킨다. ⓑ의 it은 바로 앞에 나오는 단수명사인 dirt를 가리킨다.

5 다이아몬드를 발견하기 위해 어떤 사람들은 흙을 철망이 달린 상자에 넣은 다음 그 흙을 제거하기 위해 그 상자를 물속에 넣는다.

구문 해설

02행 You **won't have to visit** a store to get it.
- 의무를 나타내는 〈have to + 동사원형〉의 부정형은 '~할 필요가 없다'란 뜻의 불필요를 나타낸다. won't have to는 '~할 필요가 없을 것이다'의 의미이다.

07행 That's **(the place) where** Crater of Diamonds State Park is located.
- 관계부사 where 앞에 장소를 나타내는 선행사 the place가 생략되어 있다.

11행 Sometimes you can **see diamonds lying** on the ground.
- 〈see + 목적어 + 현재분사/동사원형〉은 '~가 …하는 것을 보다'의 의미이다. 이 문장에서는 목적보어로 lie(놓여 있다)의 현재분사 lying이 쓰였다.

07 A Tough Man

정답	**1** (1) T (2) F　**2** ⑤　**3** ①　**4** tough　**5** hero, president

---

지문 해석　Theodore Roosevelt는 1901년부터 1909년까지 미국의 대통령이었다. 그는 정치를 즐겼지만 야외에 있는 것 또한 좋아했다. 대통령이 되기 전에 그는 군에서 복무했다. 미국-스페인 전쟁에서 그는 자신이 참여했던 전투들로 인해 영웅이 되었다. 그는 농사와 사냥 또한 즐겼다. 많은 사람들은 그가 강인한 남자라고 생각했다.

1912년에 Roosevelt는 다시 대통령에 출마하기로 결심했다. 그래서 그는 나라 여기저기를 다니며 연설을 했다. 10월의 어느 날, 그는 위스콘신 주 밀워키에 있었다. 그가 막 연설을 시작하려고 했을 때 한 남자가 그를 향해 달려갔다. 그는 총을 꺼내 Roosevelt를 쏘았다.

Roosevelt는 군중들에게 말을 하며 조용히 해달라고 요청했다. 그러고는 그는 "저는 지금 막 총에 맞았습니다"라고 말했다. 그런 다음 그는 재킷 안에 손을 넣어 연설문을 꺼냈다. 그것은 피로 덮여 있었다. 또한 거기에는 두 개의 총알 구멍이 있었다. Roosevelt는 다쳤지만 병원에 가기를 거부했다. 대신 그는 90분 동안 연설을 했다. 연설을 마친 후 그는 병원에 갔다. Roosevelt는 그 선거에서 이기지 못했다. 하지만 그는 그날 얼마나 강인했는지를 증명했다.

문제 해설

1 (1) Roosevelt가 미국-스페인 전쟁에서 영웅이 되었다고 언급되어 있다. (3~4행)
(2) 1912년에 다시 대통령에 출마하기로 결심했으나 선거에서 이기지는 못했다고 했다. (6행, 17행)

2 ⓐ~ⓓ는 모두 Roosevelt를 가리키지만 ⓔ는 그에게 총을 쏜 a man을 가리킨다.

3 마지막 단락에서 Roosevelt가 연설문을 꺼내 90분 동안 연설을 했다는 내용이 나오므로 ① '연설을 했다'가 가장 알맞다.
[문제] Roosevelt는 한 남자가 자신에게 총을 쏜 직후에 무엇을 했는가?
② 경찰을 불렀다.　　③ 연설을 취소했다.
④ 병원에 갔다.　　⑤ 그 남자에게 달려갔다.

4 5행에서 사람들이 Roosevelt를 매우 tough(강인한)하다고 생각했다고 언급되어 있고, 이후 그의 행동이 그것을 입증하고 있으므로 빈칸에는 tough가 들어가야 적절하다.

5 Theodore Roosevelt는 스페인-미국 전쟁에서 영웅이 되었고, 1901년부터 1909년까지 미국 대통령이었다.

구문 해설

03행 In the Spanish-American War, he became a hero because of the **battles [(that[which])** he fought in].
- [ ]는 battles를 수식하는 관계대명사절이다. 관계대명사절에는 목적격 관계대명사 that 또는 which가 생략되어 있다.

08행 He **was about to start** speaking when a man ran toward him.
- 〈be about to-v〉는 '막 ~하려고 하다'의 의미이다.

11행 Roosevelt spoke to the crowd and **asked them to be** quiet.
- 〈ask + 목적어 + to-v〉는 '~에게 …하도록 요청하다'의 의미이다.

11행 Then, he said, "I **have just been shot**."
- have just been shot은 현재완료 수동태(have been p.p.)로 '지금 막 총에 맞았다'의 의미이다.

17행 But he proved **how tough he was** that day.
- how ~ was는 동사 proved의 목적어절이다. 간접의문문으로 〈의문사 + 주어 + 동사〉의 어순이 쓰였다.

08 Companion Planting

p.030

정답 1 ④ 2 ④ 3 ③ 4 ⓐ Farmers and gardeners ⓑ Native Americans 5 weed

지문 해석 농부들과 정원사들은 작물을 심을 때 매우 주의해야 한다. 그 이유는 식물이 근처에 자라고 있는 다른 식물에게 종종 영향을 미치기 때문이다. 어떤 식물은 근처의 다른 식물에게 긍정적인 영향을 미친다. 하지만 때때로 둘 이상의 식물들이 흙에서 나오는 수분과 영양분 같은 자원들을 얻기 위해 경쟁하기도 한다. 그런 일이 일어나면 그 식물들은 잘 자랄 수 없다.

혼식의 가장 유명한 예들 중 하나는 아메리카 원주민들로부터 유래한다. 그들은 옥수수, 콩, 호박을 함께 심곤 했다. 옥수수 식물은 땅 위로 높이 자랐다. 콩은 옥수수에 붙어서 그것을 타고 자랐다. 콩은 또한 흙에 영양분을 더해 주어 옥수수와 호박이 더 잘 자라도록 도와주었다. 호박에 대해 말하자면, 그것은 넓은 잎을 갖고 있어서 땅을 그늘지게 했다. 이것은 잡초가 자라지 못하게 해주었다.

다른 공영 식물들에 대해 알고 싶은가? 완두콩과 박하를 함께 심어 보라. 박하는 완두콩 식물들의 맛과 건강을 향상시켜 준다. 또한 브로콜리와 마늘을 함께 심어 보라. 마늘은 브로콜리가 더 잘 자라게 해준다. 하지만 콩과 양파를 함께 심지는 마라. 양파는 콩이 크게 자라지 못하게 할 것이다.

문제 해설

1 서로 도움이 되는 식물을 함께 재배하는 혼식을 해당 식물들의 예를 들어 설명하고 있으므로 ④ '어떤 식물들을 함께 재배해야 하는 이유'가 가장 알맞다.
[문제] 글의 주제로 가장 알맞은 것은?
① 당신의 정원에 무엇을 심을 것인가
② 집에서 채소를 키우는 방법
③ 아메리카 원주민들의 농법들
⑤ 정원에서 볼 수 있는 가장 인기 있는 채소들

2 콩은 흙에 영양분을 더해 주어 옥수수와 호박이 더 잘 자라게 도왔다고 언급되어 있다. (9~11행)
[문제] 콩은 옥수수와 호박이 자라는 데 어떤 도움을 주었는가?
① 땅을 그늘지게 해주었다.   ② 흙 속에 수분을 유지시켰다.
③ 많은 벌레들을 쫓아 주었다.   ④ 흙에 영양분을 더해 주었다.
⑤ 맛을 향상시켜 주었다.

3 박하를 함께 심으면 완두콩의 맛과 건강이 향상된다. (15~16행)

[문제] 완두콩과 함께 심어야 하는 것은?

① 옥수수　② 호박　③ 박하　④ 브로콜리　⑤ 양파

4 ⓐ는 주절의 주어인 Farmers and gardeners를 가리키고, ⓑ는 앞 문장의 Native Americans를 가리킨다.

[문제] 글의 밑줄 친 ⓐ와 ⓑ가 가리키는 것은?

5 '가치가 전혀 없고 근처 작물들에게 해를 입힐 수도 있는 식물'의 의미를 가진 단어는 weed(잡초)이다. (12행)

[문제] 다음 주어진 뜻을 가진 단어를 글에서 찾아 쓰시오.

구문 해설　**02행** **The reason is that** plants often affect other ones *growing near them*.

- The reason is that은 '그 이유는 ~이기 때문이다'의 의미이다.
- growing near them은 ones를 수식하는 현재분사구이다. 여기서 ones는 plants의 반복을 피하기 위해 대신 쓰였다.

10행　The beans also added nutrients to the soil, so they **helped the corn and squash grow** better.

- 〈help + 목적어 + (to)동사원형〉은 '~가 …하는 것을 돕다'의 의미이다.

13행　This **prevented weeds from growing**.

- 〈prevent A from -ing〉는 'A가 ~하지 못하게 하다'의 의미이다.

---

focus On Sentences

Ⓐ **1** 그들은 기계적인 이유들 때문에 많은 문제들을 겪었다.

2 당신은 도구들을 가져오는 것을 잊었는가?

3 그가 막 연설을 시작하려고 했을 때 한 남자가 그를 향해 달려갔다.

4 그들은 옥수수, 콩, 호박을 함께 심곤 했다.

Ⓑ **1** It took the plane three days to finish the trip.

2 He became a hero because of the battles he fought in.

3 The onions will prevent the beans from growing big.

Ⓒ **1** Imagine being able to fly around the world without burning any fuel.

2 Then, they put the boxes in water to get rid of the dirt.

3 In 1912, Roosevelt decided to run for president again.

Words & Phrases

A

1 planet	2 디저트, 후식	3 ruin	4 닮다	5 적합한	6 쏘다, 찌르다; 침
7 please	8 fat	9 풍미, 맛	10 transport	11 거절하다, 거부하다	
12 scream	13 참석하다; 다니다		14 식민지; (집단) 거주지		15 unique
16 traditionally	17 이루다	18 생물	19 자신감	20 original	21 tiny
22 괴롭히다, 신경 쓰이게 하다		23 재료	24 은하계	25 recover	26 계약서
27 매료시키다	28 combine	29 천문학자	30 독소	31 attack	32 바다표범
33 조리법	34 failure	35 자손, 후손	36 치명적인	37 shallow	38 목적지
39 반응하다, 대응하다		40 정착하다			

B

1 deal with	2 apply to	3 lead to	4 at times	5 watch out for

09 Akutaq

정답　1 ④　　2 ③　　3 ③　　4 They made it after they killed the first polar bear or seal of the year.
5 ingredient

지문 해석　전 세계에서 가장 인기 있는 디저트들 중 하나는 아이스크림이다. 사람들은 그것의 부드러운 맛과 여러 가지 맛들을 매우 좋아한다. 아이스크림은 너무 맛있어서 추운 지역들의 사람들조차 그것을 매우 좋아한다. 사실 미국 알래스카에 사는 에스키모 인들도 그들 자신만의 아이스크림을 만든다. 그들은 그것을 아쿠타크(akutaq), 또는 에스키모 아이스크림이라고 부른다.

아쿠타크는 유피크 어에서 유래했다. 그것은 "그것들을 함께 섞다"란 뜻이다. 그것은 보통의 아이스크림처럼, 에스키모 인들이 아쿠타크를 만들기 위해 여러 재료들을 함께 섞어야 하기 때문에 그 이름을 얻게 되었다. 전통적으로 에스키모 인들은 그 해의 첫 북극곰이나 바다표범을 죽이고 난 후에 아쿠타크를 만들었다. 아쿠타크를 만들기 위해 가장 먼저 에스키모 여인들은 그 동물의 지방을 가져왔다. 그런 다음 그것을 신선한 눈, 딸기류 열매, 그리고 바다표범 기름과 함께 섞었다. 때때로 그들은 생선을 추가했다. 그 다음 그들은 모든 재료가 확실히 결합되도록 손으로 그것을 섞었다. 마지막으로 모두가 그들의 아이스크림을 즐겼다.

요즘에는 아쿠타크 조리법들이 많이 있다. 어떤 사람들은 동물 지방을 사용하지만 또 다른 사람들은 고기를 사용한다. 그 고기는 생선, 바다표범, 곰, 또는 순록의 것일 수 있다. 그들은 또한 여러 가지 종류의 딸기류 열매들을 사용한다. 각각의 조리법은 독특한 맛을 가진 아쿠타크를 만들어낸다.

문제 해설　1 에스키모 인들이 그들의 독특한 아이스크림인 아쿠타크를 어떻게 만드는지를 소개하고 있으므로 ④ '에스키모 아이스크림을 만드는 방법'이 가장 알맞다.

① 에스키모 인들의 생활방식　　　　　　② 독특한 맛을 가진 음식들
③ 사람들이 아이스크림을 좋아하는 이유　⑤ 전 세계의 아이스크림 종류들

2 아쿠타크는 에스키모의 아이스크림이므로 주 요리가 아닌 디저트이다.

① 그것은 알래스카에서 찾아볼 수 있다. (3~4행)
② 그것은 에스키모 아이스크림이라고도 알려져 있다. (4행)
③ 그것은 대개 주 요리로 제공된다. (일치하지 않음)
④ 그것은 여러 다른 방법들로 만들어진다. (14행)

⑤ 그것은 "그것들을 함께 섞다"란 뜻의 유피크 단어이다. (5~6행)

3 동물 지방에 눈, 딸기류 열매, 바다표범 기름을 섞고 생선을 넣기도 한다고 했지만 우유에 대한 언급은 없다. (9~11행)

4 7~9행에 전통적으로 아쿠타크를 만들었던 시기가 언급되어 있다.

Q: 에스키모 인들은 주로 언제 아쿠타크를 만들었는가?

A: 그들은 그 해의 첫 북극곰이나 바다표범을 죽이고 난 후에 그것을 만들었다.

5 '특정 요리를 만들기 위해 당신이 사용하는 음식들 중 하나'의 의미를 가진 단어는 ingredient(재료)이다. (7행)

[문제] 다음 주어진 뜻을 가진 단어를 글에서 찾아 쓰시오.

구문 해설

02행 Ice cream is **so** delicious **that** even people in cold areas love it.
- 〈so + 형용사/부사 + that + 주어 + 동사〉는 '너무 ~해서 …하다'의 의미이다.

04행 They **call it akutaq**, or **Eskimo ice cream**.
- 〈call A B〉는 'A를 B라고 부르다'의 의미이다.

11행 Next, they mixed it by hand **to** ***make*** sure that all the ingredients combined.
- to make는 to부정사의 부사적 용법으로 목적을 나타낸다. 〈make sure + to-v/that절〉은 '~을 확실히 하다, ~하도록 하다'의 의미이다.

10 Small but Deadly

p.038

정답　**1** ⑤　**2** ②　**3** (1) F　(2) T　**4** shallow, sting　**5** 작은 동물들을 조심한 것

지문 해석　한 남자가 해변에 누워 있다. 그는 발을 붙들고 아파서 비명을 지르고 있다. 스톤피쉬가 그를 쏘았음에 틀림없다. 운 좋게도 의료팀이 돕기 위해 도착한다. 그 남자는 회복되겠지만 당분간 아플 것이다.

사람들은 해변에 갈 때 상어 같은 큰 동물들에 대해 종종 걱정을 한다. 그렇지만 상어의 공격은 매우 흔한 일이 아니다. 매년 몇 안 되는 사람들만이 그로 인해 죽는다. 대신 사람들은 다른 위험한 바다 생물들을 조심해야 한다. 이 동물들은 작지만 치명적이다.

스톤피쉬는 작은 생물이다. 그것은 돌을 닮아서 보기가 어렵다. 그것은 또한 얕은 물을 더 좋아한다. 그것의 침은 엄청난 고통을 유발하고 심지어 사람을 죽일 수도 있다. 꽃성게와 원뿔고둥은 또 다른 두 개의 작지만 치명적인 바다 생물들이다. 그 둘 모두 인간에게 치명적일 수 있는 독소들을 갖고 있다. 가장 치명적인 바다 생물들 중 하나는 아주 작은 푸른 고리 문어이다. 그것의 독은 청산가리보다 1,200배 더 강력하다.

그러므로 다음에 바다에 갈 때는 작은 동물들을 조심하도록 하라. 당신은 그렇게 한 것에 대해 기쁘게 될 것이다.

문제 해설　**1** 작지만 사람에게 치명적일 수 있는 바다 생물들에 관한 내용이므로 ⑤ '작은 고추가 더 맵다'가 가장 알맞다.

① 뛰기 전에 살펴라.

② 제 때의 한 땀이 아홉 땀을 덜어준다.

③ 끼리끼리 모인다.

④ 천 마디 말보다 한 번 보는 것이 더 낫다.

2 (a)는 작지만 치명적인 바다 생물들을 가리키며, ② '상어'는 이와 대조되는 큰 바다 생물로 언급되었다.

① 스톤피쉬　　③ 꽃성게　　④ 원뿔고둥　　⑤ 푸른 고리 문어

3 (1) 상어의 공격은 매우 흔하지 않기 때문에 오히려 다른 위험한 작은 동물들을 조심하라고 했다. (5행)

(2) 꽃성게는 사람들에게 치명적일 수 있는 독소를 갖고 있다. (10~12행)

(1) 상어의 공격은 해변에서 자주 일어난다.

(2) 꽃성게는 독소로 사람들을 죽일 수 있다.

4 스톤피쉬는 얕은 물에서 살고 당신을 죽일 수 있을 고통스러운 침을 갖고 있다.

5 did는 앞 문장의 watch out for small animals의 내용을 대신한다.

08행 It resembles a stone, so *it*'s hard **to see**.

- to see는 to부정사의 부사적 용법으로서 형용사 hard를 수식한다. hard to see는 '보기가 어려운, 잘 보이지 않는'의 의미이다.
- it은 가주어가 아니라 앞 문장의 주어인 The stonefish를 가리킨다.

11행 Both of them have **toxins** [**that** can be fatal to humans].

- [ ]는 toxins를 수식하는 주격 관계대명사절이다.

13행 Its venom is **1,200 times more powerful than** cyanide.

- 〈배수사(twice/three times…) + 비교급 + than〉은 '~보다 몇 배 더 …한'의 의미이다.

11 Generation Ships

p.040

정답
1 ③　　**2** ⑤　　**3** ⑤　　**4** ⓐ Earthlike planets ⓑ generation ships
5 destination, descendants

지문 해석　천문학자들은 태양계 밖에 있는 수천 개의 행성들을 발견했다. 많은 곳이 인간이 살기에 적합할지도 모른다. 몇몇 지구와 비슷한 행성들은 우리로부터 겨우 몇 광년 떨어져 있다. 빛의 속도로 여행하면 그곳들에 도달하는 데는 불과 15년 미만이 걸릴 것이다.

　(B) 지금 당장은 인간이 그렇게 빨리 여행할 수 없다. (C) 그래서 사람들은 다른 태양계에 있는 행성들에 도달하는 다른 방법들에 대해 생각해 오고 있다. (A) 한 가지 가능성은 세대 우주선이다. 그것은 또 다른 행성에 거주지를 시작하기에 충분한 사람들을 수송할 수 있을 것이다.

　세대 우주선은 빛의 속도보다 느리게 이동할 것이다. 그래서 그것의 목적지에 도달하는 데 수백 또는 수천 년이 걸릴 것이다. 그 우주선은 길이가 몇 킬로미터가 될 것이다. 그것에는 수천 명의 탑승객들이 있을 것이다. 그 안에는 동물들도 있을 것이다. 사람들은 그 우주선에서 작물들을 재배할 것이다. 그들은 우주선에 자신들이 필요한 모든 것을 갖고 있을 것이다. 그들이 목적지에 도착할 때면 원래의 여행자들은 오래 전에 죽었을 것이다. 대신 그들의 후손들이 새 행성에 정착하게 될 것이다.

　이상하게 들릴지 모르지만 어떤 사람들은 세대 우주선이 미래에 만들어질 것이라고 믿는다. 아마도 인간은 은하계를 개척하기 위해서 그것들을 사용할 것이다.

문제 해설　**1** (B)의 that fast는 첫 번째 단락 마지막 문장에서 언급한 내용을 의미한다. (C)는 (B)와 인과관계를 이루므로 (B) 뒤에 오고, (A)는 (C)의 other ways 중 하나에 대한 내용이므로 (B)-(C)-(A)가 가장 자연스럽다.

2 세대 우주선의 목적은 두 번째 단락 마지막 문장의 to start a colony on another planet과 세 번째 단락 마지막 문장(Their descendants would settle on the new planet.)에서 잘 드러나 있다.

3 세대 우주선을 만드는 데 걸리는 시간에 대한 언급은 없다.
　① 그것은 빛의 속도보다 느리게 이동할 것이다. (9행)
　② 수천 명의 사람들이 그것을 타고 여행할 것이다. (11행)
　③ 동물도 거기서 살게 될 것이다. (12행)
　④ 사람들은 거기서 식물들을 키울 것이다. (12행)
　⑤ 만드는 데 수백 년이 걸릴 것이다. (언급되지 않음)

4 ⓐ는 앞 문장에 언급된 Earthlike planets를 가리키고, ⓑ는 앞 문장의 generation ships를 가리킨다.

5 세대 우주선에 탑승한 원래의 여행자들은 그들의 <u>목적지</u>에 도착하지 못할 것이다. 대신 그들의 <u>후손</u>들만이 새 행성에 도착하게 될 것이다.

02행 Many might be suitable **for humans to live on**.
- 〈for + 목적격 + to-v〉는 '~가 …하기에'의 의미이다. 여기서 for humans는 to부정사의 의미상 주어이다.

03행 **By traveling** at light speed, *it would only take fewer than fifteen years to reach* them.
- 〈by -ing〉는 '~함으로써'의 의미이다.
- 〈it takes + 시간 + to-v〉는 '~하는 데 …의 시간이 걸리다'의 의미이다. 여기서는 가정, 추측을 나타내는 조동사 would가 함께 쓰였다.

06행 So people **have been thinking** of other ways to reach planets in other solar systems.
- 〈have been -ing〉는 현재완료진행형으로 '~해오고 있다'의 의미이다. 과거에 시작된 일이 현재까지 계속 진행중임을 나타낸다.

07행 It **could** transport *enough people to start* a colony on another planet.
- could는 가정, 추측을 나타내어 '~할 수 있을 것이다'의 의미로 쓰였다.
- 〈enough + 명사 + to-v〉는 '~하기에 충분한 …'의 의미이다.

13행 When they arrive at their destination, the original travelers **would have died** long ago.
- 〈would have p.p.〉는 '~이었을 것이다'의 의미로 기준시점보다 과거 일에 대한 추측을 나타낸다.

12 Steven Spielberg

정답	**1** ①	**2** ②	**3** ②	**4** fascinate	*Summary* 4, 3, 1, 2

지문 해석

모두가 가끔은 거절을 당한다. 어떤 사람들은 거절에 잘 대처하지 못한다. 그들은 자신감을 잃는다. 이것은 훨씬 더 많은 실패들로 이어진다. 또 다른 사람들은 더 열심히 일함으로써 대응한다. 그들은 성공하며 거절이 자신들의 삶을 망치게 허락하지 않는다. Steven Spielberg는 두 번째 유형의 사람이다.

Spielberg는 소년이었을 때 영화 제작을 시작했다. 영화계는 그를 매료시켰다. 그래서 그는 영화 감독이 되려고 결심했다. 그는 서던캘리포니아 대학의 영화 학교에 지원했다. 하지만 그는 평점이 C였기 때문에 거절을 당했다. 그 소식은 그를 기쁘게 했을 리가 없다. 하지만 그는 다른 대학에 다녔고 그곳에서 공부했다.

후에 그는 그 영화 학교에 두 번째로 지원했다. 그는 다시 거절당했다. 그리고 나서 그는 세 번째 지원했다. 그는 세 번째 거절당했다. 그러한 거절들이 Spielberg를 멈추게 하지는 않았다. 그는 계속 영화들을 만들었다. 곧 그는 한 영화사에서 영화 감독이 되기 위한 계약서에 서명했다. 그의 초창기 영화들 중 하나는 〈죠스〉였다. 그것은 엄청난 성공을 거뒀다. Spielberg는 나중에 〈레이더스-잃어버린 성궤를 찾아서〉, 〈E.T.〉, 〈쥬라기 공원〉과 같은 영화들을 감독했다. 그는 역사상 가장 성공한 영화 감독들 중 한 명이 되었다. 그는 거절이 자신을 괴롭히도록 허락하지 않았기 때문에 그것을 이루어냈다.

문제 해설

1 거절당한 경험들로 인해 포기하지 않고 계속 도전하여 성공을 이룬 사람의 예로 Steven Spielberg 감독의 일화를 소개하고 있으므로 ① '절대로 포기하지 마라'가 가장 알맞다.

[문제] 글의 제목으로 가장 알맞은 것은?
② 영화를 만들자
③ 인기 영화, 〈죠스〉
④ Steven Spielberg의 교육
⑤ 영화 감독이 되는 방법

ANSWER KEYS | 15

2 서던캘리포니아 대학의 영화 학교에 지원했으나 그의 평점이 C였기 때문에 거절당했다고 했다. (10행)

[문제] 학교는 왜 Spielberg를 거절했는가?

① 그는 수업료를 지불할 수 없었다.   ② 그는 학교 성적이 좋지 않았다.

③ 그는 면접을 잘 보지 못했다.   ④ 그는 고등학교를 마치지 않았다.

⑤ 그는 영화를 감독하는 직업을 이미 갖고 있었다.

3 영화 학교에 세 번이나 지원하여 거절을 당했지만 영화 감독의 꿈을 포기하지 않고 계속 도전하여 성공을 이뤄냈으므로 ①, ③, ④, ⑤ 모두 적절하지만 ② '주의 깊은'의 모습은 특별히 나와 있지 않다.

[문제] 다음 중 Steven Spielberg를 묘사하는 말로 알맞지 <u>않은</u> 것은?

① 참을성 있는   ③ 긍정적인   ④ 열정적인   ⑤ 성공한

4 '당신의 마음과 관심을 매우 강하게 끌다'의 의미를 가진 단어는 fascinate(매료시키다)이다. (8행)

[문제] 다음 주어진 뜻을 가진 단어를 글에서 찾아 쓰시오.

| Summary |

Steven Spielberg	
• 그는 〈죠스〉와 〈레이더스-잃어버린 성궤를 찾아서〉를 감독했다.	4
• 그는 영화사와 계약을 맺었다.	3
• 그는 영화 감독이 되기로 결심했다.	1
• 그는 영화 학교에 거절당했다.	2

구문 해설

04행 They become successful and don't **let rejection ruin** their lives.
• 〈let + 목적어 + 동사원형〉은 '~가 …하게 (허락)하다'의 의미이다.

10행 The news **cannot have pleased** him.
• 〈cannot have p.p.〉는 '~이었을 리가 없다'의 의미로 과거 일에 대한 강한 부정적 추측을 나타낸다.

15행 He **kept making** movies.
• 〈keep + -ing〉는 '계속 ~하다'의 의미이다.

---

focus On Sentences

A **1** 아이스크림은 너무 맛있어서 추운 지역의 사람들조차 그것을 매우 좋아한다.

     2 스톤피쉬가 그를 쏘았음에 틀림없다.

     3 그것의 독은 청산가리보다 1,200배 더 강력하다.

     4 그 소식은 그를 기쁘게 했을 리가 없다.

B **1** Many planets might be <u>suitable for humans to live on</u>.

     2 It could transport <u>enough people to start a colony on another planet</u>.

     3 They become successful and <u>don't let rejection ruin their lives</u>.

C **1** The next time you visit the ocean, be sure to <u>watch out for</u> small animals.

     2 Some people <u>deal with</u> rejection poorly.

     3 He <u>applied to</u> the film school at the University of Southern California.

Words & Phrases

A

1 breathe	2 강도	3 상기시키다	4 slave	5 stick	6 관행
7 treasure	8 불만, 불평	9 design	10 own	11 convenient	12 귀중품
13 운영하다, 운영되다		14 질	15 monitor	16 부, 재산	17 영수증
18 진보한	19 제거하다	20 위층에서, 위층으로		21 (중세의) 기사	
22 예치하다, 맡기다		23 압축하다	24 후원하다; 후원자		25 ~부터; ~때문에
26 needle	27 religion	28 정화 장치	29 supply	30 feature	31 열다
32 개인, 사람	33 중세의	34 connection	35 침략군	36 자동적으로	37 고통, 괴로움
38 정육면체	39 turn on	40 ~을 두려워하다			

B

1 take place   2 belong to   3 It is likely that   4 free of   5 are capable of

13 The Smog-Free Tower

> 정답   1 ③   2 ③   3 ①   4 compress   5 remind them about the need to fight air pollution

지문 해석

사람들이 도시에서 사는 것에 대해 갖고 있는 한 가지 주된 불만은 공해이다. 그들은 종종 주요 도시들에서는 숨쉬기가 힘들다고 말한다. 공해가 없는 도시에서 살 수 있다고 상상해 보라. 그것은 오늘날에는 가능하지 않지만 새로운 발명품 덕분에 언젠가는 가능해질지도 모른다.

네덜란드 예술가 Daan Roosegaarde(단 로세하르데)는 아이디어가 하나 떠올랐다. 그는 스모그 프리 타워를 만들고 싶었다. 이 타워는 7미터 높이가 될 것이고 공기로부터 스모그를 없앨 것이다. 그는 그것을 공기 정화기처럼 작동하도록 설계했다. Roosegaarde는 자신의 프로젝트를 위한 돈이 필요해서 Kickstarter에 접속했다. 그것은 일반 사람들이 다양한 프로젝트들을 후원하게 해주는 웹사이트이다. Roosegaarde는 매우 빨리 자신의 프로젝트를 위한 충분한 돈을 모았다. 그는 타워를 만들었고 그것을 네덜란드 로테르담에 설치했다. 그 타워는 시간당 약 3만 세제곱 미터의 공기를 정화시킬 수 있었다. 따라서 그것은 작은 지역들을 정화시킬 수 있었다.

그 타워가 공기로부터 제거한 스모그는 어떻게 되었을까? 그 타워는 그것을 작은 정육면체들로 압축했다. 그런 다음 Roosegaarde는 그 정육면체들 중 몇 개로 반지를 만들었다. 그는 대기오염과 싸울 필요성에 대해 상기시키기 위해 그것들을 그 프로젝트의 후원자들에게 주었다.

문제 해설

1 한 네덜란드 예술가가 만든 스모그 프리 타워에 대해 소개하는 내용이므로 ③ '공기를 정화하는 발명품'이 가장 알맞다.
① Daan Roosegaarde의 생애   ② 주요 도시들의 심각한 공해
④ 스모그 프리 타워의 비용   ⑤ 사람들이 공해를 막을 수 있는 방법

2 스모그 프리 타워는 네덜란드 예술가가 만든 높이 7미터의 타워로 네덜란드 로테르담에 설치되었으며 제거한 스모그를 압축해 반지로 만들었다고 했다. ⑤는 글에서 언급되지 않았다.

3 Kickstarter는 일반 사람들이 다양한 프로젝트들을 후원하게 해주는 사이트로, Roosegaarde는 ① '자신의 작품을 위한 돈을 모금하기 위해' 그 사이트를 이용했다. (8~9행)
[문제] Roosegaarde가 Kickstarter를 이용한 이유는?
② 자신의 발명품에 대한 피드백을 받으려고   ③ 자신의 회사 직원들을 모집하려고
④ 타워를 어디에 세워야 할지 물으려고   ⑤ 타워를 만들 재료들을 구하려고

4 '어떤 것을 더 작게 만들기 위해 누르거나 짜내다'의 의미를 가진 단어는 compress(압축하다)이다. (15행)

5 글 마지막 문장에 질문에 대한 이유가 설명되어 있다.

Q: Roosegaarde는 왜 후원자들에게 반지를 주었는가?

A: 그는 <u>그들에게 대기오염과 싸울 필요성에 대해 상기시키기 위해</u> 그것을 했다.

구문 해설

01행 One major **complaint** [**(that[which])** people have about living in cities] *is* pollution.
- [ ]는 complaint를 수식하는 관계대명사절이며, is가 문장 전체의 동사이다. 주어인 complaint가 단수이므로 단수동사가 쓰였다.

02행 Imagine **being able to live in a city *free of* pollution**.
- imagine의 목적어로 being이 이끄는 동명사구가 쓰였다.
- free of는 '~이 없는'의 의미이다.

08행 It's a **website** [**that** *lets regular people sponsor* various projects].
- [ ]는 website를 수식하는 주격 관계대명사절이다.
- 〈let + 목적어 + 동사원형〉은 '~가 …하게 (허락)하다'의 의미이다.

14행 What about the **smog** [**(that[which])** the tower removed from the air]?
- [ ]는 smog를 수식하는 관계대명사절이며 목적격 관계대명사 that[which]이 생략되어 있다.

14 Voodoo Dolls

p.050

정답

1 ②　**2** (1) F　(2) T　**3** ①　**4** create a connection with that person

5 pain and suffering, good

지문 해석 부두교는 카리브 해에 있는 아이티에서 유래한 종교의 한 형태이다. 아프리카에서 온 노예들이 거기서 그것을 발전시켰다. 후에 일부 노예들은 미국으로 갔다. 그들은 부두교를 자신들과 함께 가져갔다. 루이지애나 주의 뉴올리언스에서는 아이티의 부두교와는 다른 새로운 형태의 부두교가 발달했다. 한 가지 특징은 부두 인형이었다.

영화에서 사람들은 <u>다른 사람들을 해치기 위해</u> 부두 인형들을 사용한다. 그들은 어떤 사람과 닮도록 인형을 만든다. 그런 다음 그 사람의 것인 무언가를 가져온다. 그것은 옷 조각이나 머리카락, 또는 이와 비슷한 것일 수 있다. 그들이 그 물건을 인형에 붙이면 그것은 그 사람과의 연결을 만들어낸다. 그 사람에게 고통을 일으키기 위해 부두 인형을 가진 사람은 그것에 바늘을 찌를 수도 있다. 바늘이 인형에 들어가는 동안 그 사람은 고통을 겪는다.

그렇지만 모든 부두 인형들이 <u>다른 사람들을 해치기 위해</u> 쓰이는 것은 아니다. 사실 많은 부두 인형들이 좋은 목적들을 위해 사용된다. 요즘에는 사람들이 자신에게 부, 행운, 또는 사랑을 가져오기 위해 부두 인형들을 만든다. 그러므로 부두 인형들을 두려워하지 마라. 그것들이 항상 고통과 괴로움을 일으키는 것은 아니다. 그것들은 긍정적인 결과를 만들어낼 수도 있다.

문제 해설 **1** 부두 인형을 만드는 과정과 그것을 어디에 사용하는지가 주된 내용이므로 ② '부두 인형을 만들고 사용하는 법'이 가장 알맞다.

① 대부분의 부두 인형이 생긴 모습　　③ 사람들이 부두 인형 만드는 것을 좋아하는 이유

④ 사람들이 부두 인형을 살 수 있는 곳　　⑤ 부두 인형이 처음 만들어진 시기와 장소

2 (1) 부두 인형은 미국 뉴올리언스의 부두교에서 볼 수 있는 특징이다. (3~5행)

(2) 특정 사람과 닮게 만든다고 했으므로 맞는 진술이다. (7행)

(1) 그것들은 아이티의 아프리카 노예들에 의해 사용되었다.

(2) 그것들은 종종 실제 사람처럼 생겼다.

3 첫 번째 빈칸 뒤에서 '누군가에게 고통을 일으키기 위해 부두 인형을 사용한다'는 설명이 이어지므로 빈칸에는 ① '다른 사람들에게 해를 끼치기 위해'가 가장 알맞다.

② 아픈 사람들을 치료하기 위해　　　③ 미래를 예언하기 위해

④ 악령을 쫓기 위해　　　⑤ 죽은 사람들을 기리기 위해

4 그 사람과 인형의 연결 고리를 만들기 위해 옷 조각이나 머리카락 등을 인형에 붙인다고 했다. (7~10행)

Q: 사람들은 왜 어떤 사람의 소유물을 그 인형에 붙이는가?

A: 그들은 그 사람과의 연결을 만들기 위해 그렇게 한다.

5 어떤 부두 인형들은 고통과 괴로움을 일으킬 수 있지만 또 다른 것들은 좋은 목적들을 위해 사용된다.

구문 해설　**03행** In New Orleans, Louisiana, a new type of voodoo, **which was different from Haitian voodoo,** developed.

・which ~ voodoo는 선행사 a new type of voodoo를 추가적으로 설명하는 계속적 용법의 관계대명사절이다.

13행 **Not all** voodoo dolls are used to harm others though.

・all, always, every처럼 전체를 가리키는 말이 부정어 not과 함께 쓰이면 부분을 부정하는 표현이 된다. 해석은 '모두[항상] ~은 아니다'로 한다.

14행 These days, people make voodoo dolls **to bring** them wealth, luck, or love.

・to bring은 to부정사의 부사적 용법으로 목적을 나타낸다.

・〈bring + A(간·목) + B(직·목)〉은 '~에게 …을 가져오다'의 의미이다. 직접목적어는 wealth, luck or love이다.

15 Medieval Bankers

정답　**1** ②　　**2** ②　　**3** ⑤　　**4** 한 장소에서 성전 기사단에게 귀중품을 맡기고 다른 장소에서 되찾는 것

| **Summary** | Middle East, travelers, valuables, receipt

지문 해석　중세 시대 동안 십자군 전쟁이 일어났다. 서유럽의 기사들과 군인들은 중동 지역으로 이동했다. 그들은 이슬람 침략군들로부터 예루살렘을 되찾기를 원했다. 수세기 동안 많은 사람들이 중동으로 갔다. 그것은 매우 위험했다. 길에는 강도들과 다른 위험한 사람들이 있었다. 그래서 기사단이 결성되었다. 그들은 성전 기사단이었다. 성전 기사단은 예루살렘에 가는 여행자들을 보호했다.

수년에 걸쳐 성전 기사단은 부유해졌다. 많은 사람들은 그들에게 금, 은, 그리고 다른 보물들을 주었다. 그러자 어떤 사람에게 좋은 생각이 떠올랐다. 그는 프랑스에서 성전 기사단에게 약간의 금화를 주었다. 성전 기사단은 그에게 영수증을 주었다. 그런 다음 그 남자는 중동으로 갔다. 거기서 그는 자신의 영수증을 성전 기사단에게 보여주었다. 그들은 그에게 그가 맡겼던 것과 같은 양의 금을 주었다.

성전 기사단은 은행처럼 운영되기 시작했다. 사람들은 한 장소에서 성전 기사단에게 귀중품을 맡기고 다른 장소에서 그들의 돈을 돌려받을 수 있었다. 대부분의 사람들은 많은 액수의 돈을 가지고 여행하기를 원하지 않았기 때문에 그것은 편리했다. 이 관행 때문에 성전 기사단은 중세 최초의 은행가가 되었다. 그래서 그들은 전사이자 은행가였다.

문제 해설　**1** 중세 시대 여행객들을 보호하고 돈을 맡아주며 은행가 역할을 했던 성전 기사단을 소개하는 내용이므로 ② '성전 기사단: 기사이자 은행가'가 가장 알맞다.

① 십자군 전쟁은 왜 일어났는가　　　③ 중세 은행업의 중요성

④ 성전 기사단이 부를 축적한 방법　　　⑤ 중동 지역에서의 유럽 십자군들

2 ② 이후부터 주어진 문장의 an idea의 내용이 설명되고 있고, someone을 가리키는 대명사 he가 처음 등장한다.

ANSWER KEYS | 19

3 첫 단락 마지막 문장에 성전 기사단이 만들어진 목적이 언급되어 있다.

[문제] 성전 기사단은 왜 결성되었는가?

① 부자들을 안전하게 지키기 위해　　　② 십자군 전쟁에서 싸우기 위해

③ 프랑스 왕을 지키기 위해　　　④ 여행자들의 돈을 빼앗기 위해

⑤ 예루살렘에 가는 여행자들을 보호하기 위해

4 15~17행에 this practice의 내용이 언급되어 있다.

| Summary |

여행자들	중동	영수증	귀중품

십자군 전쟁이 중동에서 일어났다. 그곳을 여행하는 것은 위험했으므로 성전 기사단이 결성되었다. 그들은 여행자들을 안전하게 지켰다. 성전 기사단은 은행 같은 역할을 하기 시작했다. 사람들은 한 장소에서 그들에게 귀중품을 주었다. 그런 다음 그들은 영수증을 받아서 다른 장소로 갔다. 그들은 그곳에서 그 영수증을 보여주고 그들의 돈을 되찾았다.

구문 해설

08행 The Templars protected travelers **going to Jerusalem**.
- going to Jerusalem은 travelers를 수식하는 현재분사구이다. 해석하면 '예루살렘에 가는'의 의미이다.

13행 They **gave him the same amount of gold** [(that[which]) he *had deposited*].
- gave는 두 개의 목적어를 취하는 동사로서 him은 간접목적어, the same amount of gold는 직접목적어이다. 목적격 관계대명사가 생략된 형용사절이 gold를 꾸며 주고 있다.
- 〈had + p.p.〉는 과거완료로 이야기가 진행되는 과거 시점(gave)보다 더 먼저 있었던 일을 나타낸다.

15행 People could **deposit valuables with the Templars** in one place and get their money back in another place.
- 〈deposit A(사물) with B(사람)〉은 'B에게 A를 맡기다'의 의미이다.

17행 That was convenient **since** most people didn't want to travel with large amounts of money.
- 접속사 since는 '~부터'와 '~ 때문에'의 의미가 있다. 여기서는 '~ 때문에'의 의미로 쓰였다.

16 Smart Homes

p.054

정답	**1** ①	**2** ⑤	**3** ③	**4** automatically	**5** monitor

지문 해석

자동차 한 대가 집 앞 차도에 도착한다. 가족이 내리자 실외등이 켜진다. 그들이 현관문으로 가면 문은 자동으로 열린다. 부모는 가족실로 걸어가고 아이들은 위층으로 달려간다. 한 명씩 방에 들어갈 때마다 전등이 켜진다. 그들이 방을 나오면 전등은 꺼진다. 거실에는 에어컨이 켜지지만 위층은 꺼져 있다.

이 가족은 스마트 하우스에 살고 있다. 스마트 하우스는 다양한 형태의 자동 시스템들을 갖춘 진보한 집이다. 이것들은 전등과 온도를 제어한다. 또한 집안 공기의 질을 조절하고, 문과 창문들을 잠그거나 열며, 집을 안전하게 지킬 수도 있을 것이다.

미래에는 많은 사람들이 스마트 홈을 소유하게 될 것이다. 기술이 향상됨에 따라 스마트 홈 또한 향상될 것이다. 스마트 홈의 냉장고들은 그 안에 보관된 음식을 감시하게 될 것 같다. 그것들은 어떤 것의 비축량이 줄어들면 음식을 주문할 수 있을지도 모른다. 스마트 홈은 사람들이 방에 들어갈 때 그들이 좋아하는 음악을 틀 수 있을 것이다. 자동으로 청소를 하고 또한 바깥에 있는 잔디와 실내 화분들에 물을 주게 될 것이다. 스마트 홈은 미래에 사람들의 생활을 훨씬 더 좋게 만들 것이다.

1 스마트 홈이 어떤 기능들을 하는지 구체적인 예를 들어 보여주고 있으므로 ① '스마트 홈은 어떻게 작동하는가'가 가장 알맞다.

[문제] 글의 제목으로 가장 알맞은 것은?
② 스마트 홈: 현명한 선택일까?   ③ 주택: 과거, 현재, 그리고 미래
④ 스마트 홈의 찬반양론   ⑤ 스마트 홈 수요의 증가

2 ⑤ '강도 사건이 있으면 경찰에 전화한다'는 스마트 홈의 기능으로 글에서 언급되지 않았다.

[문제] 글에서 스마트 홈이 하게 될 일로 언급되지 <u>않은</u> 것은?
① 문과 창문을 연다 (10행)   ② 실내 온도를 바꾼다 (8~9행)
③ 음식을 주문한다 (15~17행)   ④ 음악을 켜고 끈다 (17~18행)

3 밑줄 친 ⓐ와 그 앞 문장의 주어 These는 모두 automatic systems를 가리킨다.

[문제] 글의 밑줄 친 ⓐ <u>They</u>가 가리키는 것은?

4 [문제] 다음 빈칸에 알맞은 단어를 글에서 찾아 쓰시오.
스마트 하우스에서는 많은 것들이 당신의 직접적인 조종 없이 <u>자동적으로</u> 이루어진다.

5 '어떤 상황이 일정 기간에 걸쳐 어떻게 변하는지 보기 위해 주의 깊게 그것을 지켜보고 점검하다'의 의미를 가지는 단어는 monitor(감시하다, 관찰하다)이다. (15행)

[문제] 다음 주어진 뜻을 가진 단어를 글에서 찾아 쓰시오.

09행 They **may** also **control** the quality of the air in the house, **lock** and **unlock** doors and windows, and **keep** the house safe.
- control, lock, unlock, keep은 모두 조동사 may에 연결된다.
- 〈keep + 목적어 + 형용사〉는 '~을 …하게 유지하다'의 의미이다.

13행 **As** technology improves, smart homes will improve as well.
- 접속사 as는 '~함에 따라'의 의미로 쓰였다. 접속사 as는 문맥에 따라 이유(~ 때문에), 시간(~할 때), 양태(~하는 대로, ~처럼) 등 다양한 의미를 갖는다.

14행 **It's likely that** refrigerators in smart homes will monitor the food *kept in them*.
- it is likely that은 '~일 것 같다'의 의미이다.
- kept in them은 food를 수식하는 과거분사구로서 '그것들 안에 보관된'의 의미이다.

19행 Smart homes will **make people's lives much better** in the future.
- 〈make + 목적어 + 형용사〉는 '~을 …하게 만들다'의 의미이다.

focus On Sentences

p.056

A 1 사람들이 도시에서 사는 것에 대해 갖고 있는 한 가지 주된 불만은 공해이다.
    2 루이지애나 주의 뉴올리언스에서는 아이티의 부두교와는 다른 새로운 형태의 부두교가 발달했다.
    3 대부분의 사람들은 많은 액수의 돈을 가지고 여행하기를 원하지 않았기 때문에 그것은 편리했다.
    4 기술이 향상됨에 따라 스마트 홈 또한 향상될 것이다.

B 1 It's a website that <u>lets regular people sponsor various projects</u>.
    2 The Templars <u>protected travelers going to Jerusalem</u>.
    3 <u>They might be able to order food</u> when the supply is getting low.

C 1 So it <u>was capable of</u> cleaning small areas.
    2 Then, they take something that <u>belongs to</u> that person.
    3 Don't <u>be afraid of</u> voodoo dolls.

Words & Phrases

p.059

A

1 살아남다, 생존하다	**2** 수많은	**3** treat	**4** gravity
5 흔들다, 획 움직이다	**6** glue	**7** enemy	**8** 우주비행사 **9** 대륙
10 늘어나다; 뻗어 있다	**11** 의식의	**12** 기념물; 유적 **13** 허구의	**14** 사라지다
15 성질, 특성 **16** expert	**17** improve	**18** bandage **19** 무	**20** 치료(법), 치료약
21 감염 **22** 가벼운	**23** surgery	**24** 별자리, 성좌 **25** 실험실	**26** 인공의
27 lettuce **28** object	**29** 산소	**30** direction **31** upward	**32** downward
33 tribe **34** 흙더미, 언덕 **35** bury		**36** 들어있다, 포함하다	**37** 자취, 흔적
38 코 막힘 **39** 인후염, 목 아픔		**40** ~처럼 보이다	

B **1** including **2** leave, behind **3** are connected to **4** keep, from sleeping **5** a variety of

17 Spider Silk

p.060

정답	**1** ④ **2** ④ **3** ③ **4** fictional **5** bulletproof vests, doctors, patients

지문 해석 한 만화책 이야기에서 실험실의 거미가 한 십대를 문다. 거미에게 물린 것은 그에게 양손에서 거미줄을 쏘는 능력을 포함한 초능력을 준다. 그는 적들을 붙잡고 이 건물에서 저 건물로 옮겨 다니기 위해 그 강력한 거미줄을 사용한다. 스파이더맨은 허구이지만 거미줄의 사용은 그렇지 않다.

거미줄은 지구상에서 가장 강력한 유기질들 중 하나이다. 그것은 강철보다 다섯 배 더 강하다. 그것은 또한 믿을 수 없을 정도로 가벼우며 끊어짐 없이 멀리까지 늘어날 수 있다. 과학자들은 거미줄을 개발하기 위한 방법들을 연구해오고 있다. 이제 그들은 실험실에서 많은 양의 거미줄을 생산해 낼 수 있다고 생각한다. 그들이 그렇게 할 수 있다면 거미줄로 온갖 종류의 제품들을 생산해 낼 수 있을 것이다.

한 가지 용도는 매우 가벼운 방탄조끼들을 만드는 것이 될 것이다. 전 세계 군대들은 그것들을 몹시 갖고 싶어 할 것이다. 거미줄은 또한 인공 피부뿐만 아니라 튼튼한 붕대를 만들기 위해 사용될 수도 있을 것이다. 의사들은 심지어 거미줄을 외과 수술을 받는 환자들을 위한 봉합실로 사용할 수 있을지 모른다. 미래에는 거미줄에 대한 수많은 가능한 용도들이 있는 것처럼 보인다.

문제 해설 **1** 글 전반부에서 거미줄이 얼마나 강력한지 설명하고 후반부에서는 이러한 거미줄이 쓰일 수 있는 곳들에 대해 소개하고 있으므로 ④ '거미줄의 강도와 용도'가 가장 알맞다.

① 거미가 거미줄을 만드는 방법 ② 거미줄로 만들어진 옷

③ 스파이더맨이 능력을 얻게 된 방법 ⑤ 의학에서 거미줄의 다양한 용도

2 거미줄을 만드는 데 드는 비용에 관한 언급은 없다.

① 스파이더맨은 어떻게 초능력을 얻었는가? (1~4행)

② 거미줄은 무엇보다 강력한가? (8행)

③ 과학자들은 거미줄을 어디서 만들 수 있다고 생각하는가? (10~11행)

④ 거미줄을 만드는 데 얼마의 비용이 드는가? (언급되지 않음)

⑤ 누가 거미줄을 사용할 수 있을 것인가? (13~18행)

3 do that은 바로 앞 문장의 produce large amounts of it in laboratories를 가리킨다.

4 '책, 영화, 연극을 위해 지어낸'의 의미를 가진 단어는 fictional(허구의)이다. (5행)

5 군대들은 거미줄을 이용해 <u>방탄조끼들</u>을 만들고 싶어할 것이고, <u>의사들</u>은 그것으로 그들의 환자들을 위한 봉합실을 만들 수 있을 것이다.

구문 해설

04행 He uses those strong webs **to capture** enemies and **to swing** from building to building.
- to capture와 to swing은 to부정사의 부사적 용법으로 목적을 나타낸다.

08행 It is **five times as strong as** steel.
- 〈배수사(twice/three times…) + as ~ as〉는 '…보다 몇 배 더 ~한'의 의미이다.
  (=It is **five times stronger than** steel.)

09행 Scientists **have been researching** ways *to develop* spider silk.
- 〈have been -ing〉는 현재완료진행형으로 '~해오고 있다'의 의미이다. 과거에 시작된 일이 현재까지 계속 진행중임을 나타낸다.
- to develop은 ways를 수식하는 형용사적 용법의 to부정사이다.

13행 One use **would** be *to make* very light bulletproof vests.
- would는 가정, 추측을 나타내어 '~일 것이다'의 의미이다.
- to make는 주격보어로 쓰인 명사적 용법의 to부정사로 '만드는 것'으로 해석한다.

19행 **There appear to be** numerous possible uses for spider silk in the future.
- there is/are는 '~이 있다'의 의미이며 appear to-v는 '~처럼 보이다'의 의미이므로 There appear to be는 '~이 있는 것처럼 보이다'란 뜻이다.

18 The Great Serpent Mound

p.062

정답	**1** ②	**2** ③	**3** ⑤	**4** vanish	**|** *Summary* **|** Ohio, egg, 900, mystery

지문 해석 유럽인들이 대서양을 건너 북아메리카로 항해하기 전에 수많은 부족들이 그 대륙에 살았었다. 많은 부족들은 자취를 감췄다. 또 다른 이들은 마찬가지로 사라졌지만 유적들을 남겼다. 그 중 하나가 그레이트 서펀트 마운드이다.

그레이트 서펀트 마운드는 미국 오하이오 주에 위치해 있다. 그것은 400미터 이상 뻗어 있으면서 뱀처럼 생겼다. 그 언덕은 땅 위에 30센티미터에서 1미터 사이로 솟아 있다. 몸통은 꼬리에서 입으로 가면서 여러 방향으로 움직이는 것처럼 보인다. 몸통 끝에는 뱀의 입이 크게 벌려져 있다. 거기에는 알처럼 보이는 둥근 물체가 있다. <u>그 뱀은 그것을 먹을 준비가 된 것처럼 보인다.</u>

이 북미 원주민의 유적은 여러 가지 이유로 신비롭다. 우선 아무도 언제 그것이 만들어졌는지 확신하지 못한다. 일부 전문가들은 그것이 900년 되었다고 믿는 반면 또 다른 이들은 2000년 이상 되었다고 말한다. 그것의 용도 또한 미스터리이다. 그것은 한때 사람들이 매장된 장소로 여겨졌지만 이제 많은 사람들은 그것이 별과 연관되어 있다고 믿는다. 뱀의 모양은 용자리의 모양과 일치하는 것처럼 보인다. 그러나 또 다른 사람들은 그것이 의식을 위한 용도로 사용되었다고 생각한다.

문제 해설 **1** 북미 원주민의 유적인 그레이트 서펀트 마운드에 대해 소개하는 글이므로 ② '북미 원주민의 한 유적'이 가장 알맞다.
  ① 세계에서 가장 큰 언덕
  ③ 그레이트 서펀트 마운드는 어떻게 만들어졌는가
  ④ 아메리카에 도착한 최초의 유럽인들
  ⑤ 북미 원주민에게 뱀의 중요성

2 알처럼 생긴 둥근 물체는 뱀의 입 앞에 놓여 있으므로 ③ '뱀의 몸 속에 알이 있는 것처럼 보인다'는 일치하지 않는다.
  ① 그것은 땅 위에 서로 다른 높이로 솟아있다. (7~8행)
  ② 그것의 몸체는 서로 다른 방향으로 움직이는 것처럼 보인다. (8~9행)
  ④ 그것은 수천 년이 되었을지도 모른다. (14~15행)
  ⑤ 그것은 어떤 의식들을 위해 사용되었을지도 모른다. (18행)

3 주어진 문장의 it은 egg를 가리키므로 egg가 처음 나온 문장 뒤인 ⑤가 알맞은 위치이다.

4 '갑작스럽고 신비한 방식으로 사라지다'의 의미를 가진 단어는 vanish(사라지다)이다. (3행)

[문제] 다음 주어진 뜻을 가진 단어를 글에서 찾아 쓰시오.

| Summary |

그레이트 서펀트 마운드
- 미국 <u>오하이오</u> 주에 위치해 있고 길이가 400미터가 넘는다.
- 땅 위로 최대 1미터까지 솟아 있고 알을 먹으려고 하는 입이 있다.
- <u>900</u>에서 2,000년 되었다.
- 그것의 용도는 여전히 <u>미스터리</u>이다.

구문 해설

06행 **Stretching more than 400 meters**, it is shaped like a snake.
- Stretching ~ meters는 As it stretches more than 400 meters의 의미이다. 부사절의 주어가 주절의 주어와 같을 경우, 부사절의 접속사와 주어를 생략하고 분사를 이용하여 간결하게 표현할 수 있다.

08행 The body appears to move in various directions **as** it goes from tail to mouth.
- 접속사 as는 '~하면서'의 의미로 쓰였다. 접속사 as는 문맥에 따라 이유(~ 때문에), 비례(~함에 따라), 양태(~하는 대로, ~처럼) 등 다양한 의미를 갖는다.

14행 Some experts believe it is 900 years old **while** others say (that) it is over 2,000 years old.
- 접속사 while은 대조를 나타내어 '~ 반면에'의 의미로 쓰였다.

15행 It **was once thought to be** a place [where people were buried], but now many people believe it is connected to the stars.
- was once thought to be는 수동태(be + p.p.)로 '한때 ~라고 여겨졌다'의 의미이다.
- [ ]는 관계부사 where가 이끄는 형용사절로 선행사 a place를 수식한다.

19 The Healing Properties of Herbs

p.064

정답

1 (1) F (2) T   **2** ②   **3** ③   **4** They used it for insect bites and skin care.
5 remedies, herbs, teas

지문 해석

허브는 요리에 흔히 사용된다. 바질, 오레가노, 페퍼민트와 같은 허브를 첨가하는 것은 당신의 식사를 훨씬 더 맛있게 만들 수 있다. 당신은 또한 그것들로 요리를 할 때 당신의 건강을 개선시키고 있을지도 모른다. 그 이유는 많은 허브들이 약효를 갖고 있기 때문이다.

과거에 사람들은 의술에 대해 많이 알지 못했다. 그들은 아플 때 주사를 맞기 위해 의사를 방문할 수 없었다. 대신 그들은 허브가 들어간 가정 치료약들을 만들었다. 많은 경우, 그들은 그것들을 차로 마셨다.

그들은 어떤 허브를 사용했을까? 그리고 그들은 무엇을 위해 그것들을 사용했을까? 여러 가지가 있었다. 사람들은 감기에 걸리거나 목이 아플 때 세이지를 사용했다. 바질은 벌레 물린 곳과 피부 관리에 유용했다. 레몬밤은 배탈에 사용되었고 오레가노는 감염과 싸우는 데 유용했다. 그것은 또한 심장병과 뇌졸중을 막는 데 도움이 되었다. 마늘과 로즈마리 같은 많은 허브들은 사람들이 암에 걸리지 않게 했다. (마늘은 특히 이탈리아 요리에서 인기가 있다.) 사람들은 다양한 이유로 페퍼민트를 사용했다. 그들은 그것으로 감기, 코 막힘, 근육통, 그리고 많은 다른 문제들을 치료했다.

다음에 요리할 때, 허브를 많이 사용하는 것을 잊지 마라. 당신은 더 맛있는 식사를 하게 될 뿐만 아니라 더 건강해질 것이다.

1 (1) 허브는 요리에서 음식의 맛을 위해서도 사용된다. (1~3행)

(2) 마늘은 항암효과가 있고, 페퍼민트는 감기, 코 막힘, 근육통 등에 효과가 있다고 했으므로 맞는 진술이다. (14~18행)

(1) 사람들은 오직 허브의 약효 때문에 그것들을 사용한다.

(2) 마늘은 암을 물리칠 수 있으며 페퍼민트는 아픈 사람들에게 좋다.

2 배탈이 나면 레몬밤을 사용했다고 언급되어 있다. (12~13행)

[문제] 사람들은 배탈이 나면 어떤 허브를 사용했는가?

3 허브와 그것의 치료 효능에 대해 이야기하고 있으므로 마늘이 이탈리아 요리에서 인기가 있다는 내용의 (c)는 글의 흐름과 관계가 없다.

4 12행에서 바질의 용도에 대해 언급되어 있다.

Q: 사람들은 바질을 무엇을 위해 사용했는가?

A: 그들은 그것을 벌레 물린 곳과 피부 관리를 위해 사용했다.

5 사람들은 아플 때 허브로 가정 치료약들을 만들어서 그것들을 차로 마셨다.

구문 해설

02행 **Adding herbs such as basil, oregano, and mint** can *make your meal taste* much better.

- Adding ~ mint는 주어 역할을 하는 동명사구이다.
- 〈make + 목적어 + 동사원형〉은 '~을 …하게 만들다'의 의미이다.

05행 **The reason is that** many herbs have healing properties.

- The reason is that은 '그 이유는 ~이기 때문이다'의 의미이다.

14행 Lots of herbs, such as garlic and rosemary, **kept people from getting** cancer.

- 〈keep A from -ing〉는 'A가 ~하지 못하게 하다'의 의미이다.

20 Plants in Space

p.066

정답
1 ③ **2** ③ **3** ⑤ **4** it will be difficult to send food from the Earth
5 우주에서는 중력이 없어서 식물의 뿌리들이 사방으로 자라는 것

지문 해석
미래에는 사람들이 우주 공간에서 살게 될 것 같다. 그들은 이미 우주 정거장에서 살고 있다. 하지만 그들은 달, 화성, 또는 다른 장소들에서도 살지 모른다. 그들은 생존하기 위해 산소와 물이 필요할 것이다. 그들은 또한 많은 식량이 필요할 것이다. 지구에서 식량을 보내는 것은 어려울 것이다. 그래서 그들은 우주에서 자신들이 직접 식량을 재배해야 할 것이다.

다행히 우주비행사들은 수년 동안 우주에서 식량을 재배해오고 있다. 2015년에 그들은 최초로 우주에서 재배된 음식을 먹었다. 그들은 상추를 먹었다. 그들은 또한 수많은 다른 식물들을 재배했다. 예를 들어 그들은 우주에서 완두콩과 무를 재배했다.

우주에서 자라는 채소의 주된 문제점은 중력이다. 지구에서 식물의 뿌리는 중력 때문에 땅 속 아래로 자란다. 우주에서는 중력이 없어서 뿌리들이 사방으로 자란다. 하지만 우주비행사들은 이 문제를 해결했다. 그들은 식물 베개를 사용한다. 그 베개에는 흙, 비료, 영양분이 들어있다. 그런 다음 우주비행사들은 씨앗들을 베개 안에 있는 특수한 물질에 붙인다. 그것은 줄기들이 위쪽으로 자라면서 뿌리들은 아래쪽으로 자라게 만든다. 그래서 그것은 우주비행사들이 우주에서 식물을 재배하는 것을 가능하게 해준다.

문제 해설

1 무중력 상태의 우주 공간에서 어떻게 식물을 재배할 수 있는지에 대해 소개하고 있으므로 ③ '우주 공간에서 식물을 재배하는 방법'이 가장 알맞다.

[문제] 글의 주제로 가장 알맞은 것은?

① 식물 베개를 만드는 방법 ② 우주비행사들은 우주에서 어떤 음식을 먹는가

④ 식물이 자랄 수 있는 행성들   ⑤ 중력은 우주에서 자라는 식물에게 어떻게 영향을 미치는가

2 2015년에 최초로 상추를 우주에서 키워 먹었다고 나와 있다. (9행)

[문제] 우주에서 재배되어 사람들이 최초로 먹은 음식은 무엇이었는가?

① 완두콩   ② 당근   ③ 상추   ④ 무   ⑤ 감자

3 ⑤ 우주 공간에서 식물이 자라는 데 걸리는 시간에 대해서는 언급되어 있지 않다.

[문제] 글을 읽고 답할 수 없는 질문은?

① 미래에 사람들은 우주 공간 어디에서 아마도 살게 될 것인가? (3~4행)

② 우주비행사들은 언제 처음으로 우주에서 재배한 음식을 먹었는가? (9행)

③ 중력은 우주에서 자라는 식물에게 어떤 영향을 미치는가? (12~14행)

④ 식물 베개 안에서 무엇을 찾아볼 수 있는가? (16~17행)

⑤ 식물이 우주 공간에서 자라는 데 얼마나 걸리는가? (언급되지 않음)

4 6~7행에 질문에 대한 답이 언급되어 있다.

[문제] 사람들은 미래에 왜 우주에서 식량을 재배할 필요가 있는가?

지구에서 식량을 보내는 것은 어려울 것이기 때문에

5 this problem은 바로 앞 문장에서 언급된 내용을 의미한다.

[문제] 글의 밑줄 친 this problem이 의미하는 내용을 우리말로 쓰시오.

구문 해설

06행 **It** will be difficult **to send food from the Earth**.
  • It은 가주어, to send ~ Earth가 진주어이다.

12행 The main problem **with vegetables *growing in space*** is gravity.
  • with 이하는 The main problem을 수식하는 전치사구이며 growing in space는 vegetables를 수식하는 현재분사구이다. 해석하면 '우주에서 자라는 채소들의 주된 문제점'이 된다.

18행 It **makes the roots grow** downward *with the stems growing upward*.
  • 〈make + 목적어 + 동사원형〉은 '~을 …하게 만들다'의 의미이다.
  • 〈with + 목적어 + 현재분사〉는 '~가 …하고 있는 채로'의 의미로 부대상황을 나타낸다. 해석하면 '줄기들은 위쪽으로 자라면서[자라고 있는 채로]'가 된다.

20행 And that **enables astronauts to grow** plants in space.
  • 〈enable + 목적어 + to-v〉는 '~가 …하는 것을 가능하게 하다'의 의미이다.

focus On Sentences   p.068

Ⓐ **1** 그것은 400미터 이상 뻗어 있으면서 뱀처럼 생겼다.

2 그것은 한때 사람들이 매장된 장소로 여겨졌었다.

3 다행히 우주비행사들은 수년 동안 우주에서 식량을 재배해오고 있다.

4 그것은 줄기들이 위쪽으로 자라면서 뿌리들은 아래쪽으로 자라게 만든다.

Ⓑ **1** It is five times as strong as steel.

2 Lots of herbs kept people from getting cancer.

3 The next time you cook, don't forget to use lots of herbs.

Ⓒ **1** Spider silk could also be used to make strong bandages as well as artificial skin.

2 Others vanished as well but left monuments behind.

3 People used peppermint for a variety of reasons.

Words & Phrases

A

1 우주선	2 주장하다	3 표면	4 opposite	5 결국, 마침내	6 담그다, 적시다
7 받아 주다, 수락하다		8 사기(죄)	9 cash	10 두드리다	
11 현금이 없는[불필요한]		12 value	13 legend	14 속이다	15 supporter
16 금속	17 record	18.석탄	19 악마	20 provide	21 셀 수 없는, 수많은
22 consider	23 dinosaur	24 귀중한, 값비싼		25 ~ 옆에	26 종교적인
27 상품	28 철	29 notice	30 기념하다, 축하하다		31 belief
32 equipment	33 고대의	34 지불, 결제	35 문명	36 scary	37 mine
38 계산원	39 inside	40 두루마리			

B

1 goes back to   2 all at once   3 According to   4 was forced to   5 point out

---

21 Cashless Societies

정답   1 ②   2 ②   3 ⑤   4 goods   5 electronic, safer, cash

지문 해석   한 남자가 계산원에게 가서 계산대 위에 물건들을 놓는다. 그는 자신의 지갑에서 돈을 꺼낸다. 계산원은 "손님, 죄송하지만 여기서는 현금을 받지 않습니다. 전자 결제만 받습니다."라고 말한다.

수세기 동안 사람들은 상품과 서비스에 대한 비용을 지불하기 위해 현금을 사용해 왔다. 기술이 향상됨에 따라 동전과 지폐로 지불하는 것은 점점 덜 흔해지고 있다. 예를 들어 스웨덴에서는 전체 결제의 대략 80퍼센트가 현금을 사용하지 않는다. 덴마크는 상점들이 현금 결제를 거부하는 것을 허락할지 고려 중이다. (현재 스웨덴과 덴마크 모두 유로를 사용하지 않는다.) 식료품점, 우체국, 의사, 그리고 치과 의사들은 현금을 받아야만 할 것이다. 하지만 다른 장소들은 그렇게 하도록 강요 받지 않을 것이다. 스웨덴과 덴마크와 같은 나라들은 이제 막 현금 없는 사회가 되려고 한다.

현금 없는 사회의 지지자들은 전자 결제를 하는 것이 더 쉽고 편리하다고 주장한다. 그들은 또한 사람들이 많은 액수의 현금을 들고 다닐 필요가 없을 것이므로 더 안전하다고 말한다. 그러나 많은 사람들이 현금을 선호한다. 그들은 전자 결제가 흔한 곳에서 사기죄가 많이 증가했다고 지적한다. 그들은 은행도 신뢰하지 않는다. 은행이 해킹을 당하면 그들은 자신의 돈을 모두 한꺼번에 잃을 수도 있을 것이다.

문제 해설   1 현금 없는 사회가 되어 가고 있는 추세와 전자 결제의 장단점을 소개하고 있으므로 ② '현금 사용에서 멀어지려는 움직임'이 가장 알맞다.

① 유럽의 경제　　　　　　　③ 현금 결제의 장점들

④ 현금 없는 사회의 위험들　　⑤ 사람들이 전자 결제를 선호하는 이유

2 스웨덴과 덴마크에서 불가피한 장소를 제외하고는 현금을 사용하지 않는 사회로 바뀌고 있다는 내용이다. (b) 두 나라에서 어떤 화폐 단위가 쓰이는지는 글의 흐름과 관계가 없다.

3 14행의 But 이후에 현금을 선호하는 사람들의 주장이 언급되고 있다. (14~18행)

[문제] 글에 따르면, 일부 사람들이 현금을 선호하는 이유는?

① 그들은 돈을 가지고 다니는 것을 좋아한다.

② 많은 상점들이 신용카드를 받지 않는다.

③ 그들은 현금이 신용카드보다 더 편리하다고 말한다.

④ 그들은 은행에서 신용카드를 발급받을 수 없다.

⑤ 그들은 사기가 큰 문제라고 생각한다.

4 '팔기 위해 만들어진 물건들'의 의미를 가진 단어는 goods(상품)이다. (4행)

5 어떤 사람들은 전자 결제를 하는 것이 더 편리할 뿐만 아니라 많은 현금을 가지고 다닐 필요가 없기 때문에 더 안전하다고 생각한다.

구문 해설

05행 **As** technology improves, paying with coins and bills is becoming less common.

- 접속사 as는 '~함에 따라'의 의미로 쓰였다. 접속사 as는 문맥에 따라 이유(~ 때문에), 시간(~할 때), 양태(~하는 대로, ~처럼) 등 다양한 의미를 갖는다.

07행 The country of Denmark is **considering letting stores refuse** cash payments.

- consider의 목적어로 동명사 letting이 쓰였다. 〈let + 목적어 + 동사원형〉은 '~가 …하게 (허락)하다'의 의미이다.

10행 But other places would not **be forced to (accept cash)**.

- 〈be forced to-v〉는 '~하도록 강요 받다, 어쩔 수 없이 ~하다'의 의미이다. be forced to 뒤에는 앞 문장에 나온 accept cash가 반복을 피해 생략되어 있다.

10행 Countries like Sweden and Denmark **are about to become** cashless societies.

- 〈be about to-v〉는 '막 ~하려고 하다'의 의미이다.

15행 They point out that fraud has increased a great amount in **places** [**where** electronic payments are common].

- [ ]는 관계부사 where가 이끄는 형용사절로 선행사 places를 수식한다.

22 Jack-O'-Lanterns

p.074

정답

1 ④　　**2** ④　　**3** ⑤　　**4** Irish, Stingy Jack, turnip

5 they noticed that pumpkins grew well in America and were easy to carve

지문 해석 핼러윈은 매년 10월 31일에 있다. 핼러윈 날에 미국에서 사람들이 가는 곳은 어디든지 잭오랜턴을 볼 수 있다. 이것들은 그 안에 초가 들어있는 조각된 호박들이다. 대개 사람들이 그것에 조각하는 얼굴들은 무섭다.

잭오랜턴의 전통은 유럽으로 거슬러 올라간다. 아일랜드 전설에 따르면, 구두쇠 Jack이라는 이름의 한 남자가 악마를 두 번 속였다. 그는 나빴기 때문에 죽었을 때 천국에 갈 수 없었다. 하지만 악마는 그가 지옥에 가도록 허락하지도 않았다. 악마는 구두쇠 Jack에게 불타는 석탄을 주고는 그를 쫓아냈다. 구두쇠 Jack은 순무에서 속을 파내고 그 안에 석탄을 넣었다. 아일랜드 사람들은 밤에 이상한 불빛을 볼 때마다 그것을 '등불을 든 Jack' 또는 '등불 Jack'이라고 말했다.

후에 많은 아일랜드 사람들이 미국으로 갔다. 그들은 자신들의 이야기를 함께 가져왔다. 그들은 또한 미국에서는 호박이 잘 자라고 조각하기도 쉽다는 것을 알아차렸다. 그래서 그들은 순무를 조각하던 것을 그만두고 호박을 조각하기 시작했다. 시간이 지나면서 핼러윈에 잭오랜턴을 만드는 것은 인기 있는 전통이 되었다. 오늘날에는 핼러윈을 기념하는 거의 모두가 매년 적어도 하나의 잭오랜턴을 조각한다.

문제 해설

1 핼러윈에 흔히 볼 수 있는 잭오랜턴이 어떻게 생겨났는지에 대해 소개하고 있으므로 ④ '잭오랜턴의 유래'가 가장 알맞다.

　　① 구두쇠 Jack의 삶　　　　② 아일랜드의 잭오랜턴

　　③ 잭오랜턴 만드는 방법　　⑤ 핼러윈은 어떻게 명절이 되었는가

2 악마는 불타는 석탄을 구두쇠 Jack에게 주었고 그는 그것을 순무의 속을 파내고 그 안에 넣었다. (10~11행)

　　[문제] 악마가 구두쇠 Jack에게 준 것은?

　　① 열쇠　　　　② 순무　　　　③ 호박　　　　④ 석탄　　　　⑤ 등불

빈칸 (A)에는 문맥상 '어디든지'란 뜻의 wherever가 들어가야 하고 빈칸 (B)에는 '~할 때마다'란 뜻의 whenever가 들어가야 자연스럽다.

4 아일랜드의 전설에 따르면 구두쇠 Jack은 순무로 최초의 잭오랜턴을 만들었다.

5 Q: 미국에 사는 아일랜드 사람들은 왜 호박을 조각하기 시작했는가?

   A: 미국에서는 호박이 잘 자라고 조각하기도 쉽다는 것을 알아차렸기 때문에

구문 해설

03행 These are **carved** pumpkins *with candles inside them.*

- carved는 과거분사로 '조각된'의 의미이다.
- with ~ them은 pumpkins를 수식하는 전치사구이다. them은 pumpkins를 가리킨다.

10행 The Devil **gave Stingy Jack a burning coal** and *sent him away.*

- 〈give A B〉는 'A에게 B를 주다'의 의미이다. (= give B to A)
- 〈동사 + 부사〉의 형태인 구동사의 목적어로 대명사가 오면 반드시 〈동사 + 대명사 + 부사〉의 어순이 된다.
  cf. sent away him (X)

15행 They also noticed that pumpkins grew well in America and were easy **to carve**.

- to carve는 to부정사의 부사적 용법으로서 형용사 easy를 수식한다. easy to carve는 '조각하기 쉬운'의 의미이다.

23 Asteroid Mining

p.076

정답

1 ③ **2** ④ **3** ⑤ **4** equipment

| *Summary* | asteroids, resources, astronauts, outer space

지문 해석 수많은 소행성들이 지구 표면에 충돌해 왔다. 다수는 거대해서 지구에 엄청난 피해를 일으켰다. 과학자들은 6천 5백만 년 전에 한 소행성이 지구에 충돌했고 공룡들을 죽게 했다고 믿는다. 소행성은 위험할 수 있다. 하지만 그것들은 또한 매우 가치 있는 것이 될 수도 있다.

바로 지금 전 세계 여러 회사들이 소행성을 채굴하려고 계획 중이다. 그 회사들은 우주선, 우주비행사, 장비들을 소행성들에 보낼 것이다. 그런 다음 그들은 암석들을 채굴할 것이다. 그들이 왜 이런 일을 하는 걸까? 답은 간단하다. 소행성은 많은 귀중한 자원들을 포함하고 있다. 그것들은 니켈, 철, 물을 갖고 있다. 그것들은 또한 금, 백금, 은과 같은 귀금속을 포함하고 있다. 그것들은 소량을 포함하고 있지도 않다. 대신 그것들에는 엄청난 양의 자원들이 있다.

그렇지만 소행성을 채굴하는 것은 쉽지 않을 것이다. 첫째로, 사용될 장비가 개발되어야 한다. 다음으로 지구에 충분히 가까운 소행성이 발견되어야 한다. 그런 다음 회사는 우주비행사들과 장비를 그 소행성에 보내야 한다. 그 후에야 그들은 그것을 채굴하는 것을 시작할 수 있다. 현재로선 일어나지 않겠지만 언젠가는 일어날 일이다. 그리고 그렇게 되면 점점 더 많은 사람들이 우주로 가기 시작할 것이다. 소행성 채굴은 결국 사람들이 우주 공간에 거주지들을 건설하도록 도울 것이다.

문제 해설

1 소행성에 많은 자원과 귀금속이 있다고 언급하면서 미래에 소행성 채굴의 가능성을 이야기하고 있으므로 ③ '우주가 금광이 될 것인가?'가 제목으로 가장 적절하다.

  ① 소행성들의 위험성   ② 소행성들은 무엇으로 구성되었는가?

  ④ 공룡에게 무슨 일이 일어났는가?   ⑤ 소행성 채굴의 문제점

2 ⓐ, ⓑ, ⓒ, ⓔ는 모두 asteroids를 가리키지만 ⓓ는 resources를 가리킨다.

3 과학자들은 소행성 충돌로 공룡들이 죽었다고 생각하고 있으므로 ⑤ '소행성이 공룡을 죽게 했을지도 모른다'가 가장 알맞다. (2~3행)

[문제] 글을 통해 추론할 수 있는 것은?

① 소행성을 채굴하는 것은 불법이다.

② 많은 회사들이 이미 소행성을 채굴하고 있다.

③ 점점 더 많은 소행성들이 지구에 충돌하고 있다.

④ 소행성은 어떤 다른 금속들보다도 금을 더 많이 포함하고 있다.

4 '특정 일이나 활동을 위해 필요한 도구나 기계들'의 의미를 가진 단어는 equipment(장비)이다. (6행)

| **Summary** |

> 소행성들　　우주 공간　　자원들　　우주비행사들

많은 회사들이 소행성들을 채굴하고 싶어한다. 소행성들은 귀금속과 다른 귀중한 <u>자원들</u>을 포함하고 있다. 하지만 소행성을 채굴하는 것은 쉽지 않을 것이다. 사람들은 채굴 장비를 만들어야 한다. 그런 다음 그 장비와 <u>우주비행사들</u>을 소행성으로 보내야만 한다. 소행성 채굴은 언젠가 일어날 것이다. 그리고 그것은 사람들이 <u>우주 공간</u>으로 가도록 도울 것이다.

구문 해설　**14행**　First, the **equipment** [**that** will be used] *needs to be developed.*

- [ ]는 equipment를 수식하는 주격 관계대명사절이며 needs가 문장 전체의 동사이다.
- 필요, 의무를 나타내는 need to 뒤에 수동태(be + p.p.)가 이어졌다. 해석하면 '개발되어야 한다'의 의미이다.

15행　Next, an asteroid **close enough to Earth** needs to be found.

- close enough to Earth는 앞의 an asteroid를 수식하는 형용사구로 '지구에 충분히 가까운'의 의미이다. enough는 수식하는 형용사나 부사 뒤에 쓰인다.

20행　Asteroid mining will eventually **help people build** colonies in outer space.

- 〈help + 목적어 + (to)동사원형〉은 '~가 …하는 것을 돕다'의 의미이다.

24 Papyrus

p.078

| 정답 | **1** ④　**2** ③　**3** ②　**4** They carved hieroglyphics into stone.　**5** pound |

지문 해석　고대 이집트인들은 수천 년 전에 세계 최초의 문명들 중 하나를 세웠다. 그들은 식량과 물을 공급하기 위해 나일강을 이용했다. 그들은 농사짓는 법을 배웠다. 그들은 또한 상형문자를 개발해서 자신들의 생각을 쓸 수 있었다. 처음에 그들은 상형문자를 돌에 새겼다. 그러나 그 후 약 4,500년 전에 그들은 종이의 한 종류를 만들었다.

파피루스 식물은 긴 갈대이다. 그것은 나일강 옆에서 자란다. 이집트인들은 그것으로 종이를 만드는 방법을 알게 되었다. 먼저 그들은 그 줄기들을 잘라 그것들을 물속에 담갔다. 그런 다음 여러 개의 줄기들을 서로의 옆에 놓았다. 그들은 다른 줄기들을 그것들 위에 반대 방향으로 놓았다. 마지막으로 그들은 종이를 만들기 위해 그 줄기들을 함께 두들겼다.

이집트인들은 수천 년 동안 파피루스에 적었다. 그들은 또한 파피루스를 다른 곳의 사람들에게 팔았는데, 이는 그 사람들도 글을 쓸 수 있도록 해주었다. 사람들은 많은 것들을 기록하기 위해 파피루스를 이용했다. 그들은 이야기, 시, 그리고 역사를 썼다. 그들은 또한 파피루스에 자신들의 신앙도 기록했다. 많은 파피루스 두루마리들이 현대까지 존재한다. <u>그 결과</u>, 우리는 파피루스 덕분에 과거 문화들에 관해 많은 것을 알고 있다.

문제 해설　**1** 고대 이집트인들이 발명한 종이인 파피루스의 만드는 방법, 사용 등에 관한 내용이므로 ④ '고대 이집트에서 사용된 종이의 한 형태'가 가장 알맞다.

[문제] 글의 주제로 가장 알맞은 것은?

① 종이의 역사　　　　　　　　② 종이는 어떻게 발명되었는가

③ 이집트인이 만든 발명품들 ⑤ 파피루스는 이집트 사회를 어떻게 바꾸었는가

2 파피루스를 만드는 방법에 대해서만 나왔을 뿐 이집트인들이 그것을 어떻게 배웠는지는 언급되지 않았다.

[문제] 글을 읽고 답할 수 <u>없는</u> 질문은?

① 이집트인들은 언제 처음 파피루스를 만들었는가? (7행)

② 파피루스 종이는 무엇으로 만들어졌는가? (8~9행)

③ 이집트인들은 파피루스 만드는 것을 어떻게 배웠는가? (언급되지 않음)

④ 이집트인들은 파피루스를 어떻게 만들었는가? (9~12행)

⑤ 이집트인들은 파피루스에 무엇을 썼는가? (16~17행)

3 파피루스 두루마리들이 현대까지 존재하고 있다는 빈칸 앞의 내용은 빈칸 뒤에 이어지는 내용의 원인에 해당되므로 ②
'그 결과'가 가장 자연스럽다.

[문제] 글의 빈칸에 들어갈 말로 가장 알맞은 것은?

① 게다가   ③ 그럼에도 불구하고   ④ 예를 들어   ⑤ 다시 말하면

4 파피루스를 발명하기 전에는 상형문자를 돌에 새겼다. (6~7행)

[문제] 고대 이집트인들은 파피루스가 있기 전에 어떻게 썼는가? 영어로 답하시오.

<u>그들은 돌에 상형문자를 새겼다.</u>

5 '평평하거나 얇게 만들기 위해 어떤 것을 매우 열심히 치다'의 의미를 가진 단어는 pound(두드리다)이다. (12행)

[문제] 다음 주어진 뜻을 가진 단어를 글에서 찾아 쓰시오.

구문 해설

03행 They used the Nile River **to provide** food and water.

• to provide는 to부정사의 부사적 용법으로 목적을 나타낸다.

09행 The Egyptians learned **how to make** paper with it.

• 〈how + to-v〉는 '~하는 방법'의 의미이다.

13행 They also sold papyrus to people in other places, **which** *enabled those people to write* as well.

• 계속적 용법으로 쓰인 관계대명사 which는 앞 문장 전체를 선행사로 취할 수 있다. 여기서는 파피루스를 다른 곳
의 사람들에게 팔았다는 내용 전체를 대신한다.

• 〈enable + 목적어 + to-v〉는 '~가 …하는 것을 가능하게 하다'의 의미이다.

focus On Sentences

p.080

Ⓐ 1 덴마크는 상점들이 현금 결제를 거부하는 것을 허락할지 고려 중이다.

　2 이것들은 그 안에 초가 들어있는 조각된 호박들이다.

　3 첫째로, 사용될 장비가 개발되어야 한다.

　4 그들은 또한 파피루스를 다른 곳의 사람들에게 팔았는데, 이는 그 사람들도 글을 쓸 수 있도록 해주었다.

Ⓑ 1 They point out that fraud has increased a great amount <u>in places where electronic payments are common</u>.

　2 Asteroid mining will <u>help people build colonies in outer space</u>.

　3 The Egyptians learned <u>how to make paper with it</u>.

Ⓒ 1 But other places would not <u>be</u> <u>forced</u> <u>to</u>.

　2 <u>According to</u> an Irish legend, a man named Stingy Jack tricked the Devil twice.

　3 The Devil gave Stingy Jack a burning coal and <u>sent</u> him <u>away</u>.

UNIT 07

Words & Phrases

A

1 시력, 시야	**2** ~와는 달리	**3** 세균	**4** customer	**5** local
6 휴식을 취하다, 쉬다		**7** 비눗방울	**8** receive	**9** characteristic
10 track	**11** 시력	**12** 도움	**13** privacy	**14** 보급품, 물자 **15** 수술
16 결합, 조합	**17** 조직, 단체, 기구		**18** purchase	**19** 개인 맞춤형의
20 monster	**21** 침해	**22** 유혹하다	**23** disease	**24** facility **25** patient
26 eagle	**27** treatment	**28** 특별히	**29** method	**30** goat **31** 광고하다
32 goddess	**33** broadcast	**34** 지시하다; 보내다		**35** 신화 **36** 황소
37 ~에의 접근	**38** 실명하다	**39** ~에 관심이 있다		**40** 내려주다, 갖다 주다

B   **1** keep, away   **2** suffer from   **3** is here to stay   **4** As a matter of fact   **5** benefit from

---

25 The Boy in the Bubble

정답

1 ⑤   **2** ②   **3** ④   **4** he needed a very clean environment to keep germs away

5 operation

지문 해석

David Vetter는 1971년에 태어났다. 대부분의 아기들과는 달리 그는 며칠 후에도 집에 가지 않았다. 그는 병원에 머물러야 했다. David는 중증 복합형 면역 결핍증(SCID)이라고 불리는 병을 앓고 있었다. 그것은 인체의 면역 체계에 영향을 미친다. 그래서 SCID를 앓고 있는 사람들은 쉽게 아플 수 있다. 그들은 대개 매우 어린 나이에 죽는다.

(A) David는 죽지 않았지만 세균들을 멀리하기 위해 매우 깨끗한 환경이 필요했다. (C) 그래서 의사들은 비눗방울을 만들었고 David는 그 안에서 살았다. (B) 머지않아 사람들은 David를 '비눗방울 소년'이라고 부르기 시작했다. David는 항상 비눗방울 속에 머물러야 했다. 그는 그 안에서 먹고 잠자고 공부하고 쉬었다. 그는 대부분의 시간을 병원에서 보냈다. 하지만 그의 가족은 집에도 작은 비눗방울이 있었다. 그래서 그는 가끔씩 일주일이나 2주일을 가족과 생활하면서 보냈다.

David가 열두 살이 되었을 때 의사들은 SCID를 치료하기 위해 수술을 했다. 불행히도 그것은 효과가 없었다. David는 아팠고 몇 달 후 죽었다. David는 살아남지 못했지만 의사들은 SCID에 대해 더 많은 연구를 해왔다. 그래서 그들은 이제 그것을 앓고 있는 다른 어린이들을 도울 수 있다.

문제 해설

1 David는 비눗방울 속에서 먹고 자고 공부하는 등 모든 생활을 했으며, 병원과 가끔씩 그의 집에서만 지냈으므로 ⑤ '그는 비눗방울을 떠나 학교에 갈 수 있었다'는 내용과 일치하지 않는다.

① 그는 면역 체계에 문제가 있었다.

② 그는 생애 대부분을 병원에서 살았다.

③ 그가 시간을 보낸 두 개의 비눗방울이 있었다.

④ 의사들은 그의 SCID를 치료할 수 없었다.

2 세균이 없는 깨끗한 환경이 필요해서(A) 의사들이 비눗방울을 만들어줬고(C) 그래서 사람들이 David를 '비눗방울 소년'이라고 불렀다고(B) 이어져야 글의 흐름이 자연스럽다.

3 빈칸 앞뒤 내용은 모두 원인과 결과에 해당한다. 따라서 '그래서'란 뜻의 So가 가장 알맞다.

① 만약에   ② 하지만   ③ 또는   ④ 그래서   ⑤ 그런데도

4 7행에 질문에 대한 답이 나와있다.

Q: 의사들은 왜 David Vetter를 위해 비눗방울을 만들었는가?

A: 그가 세균들을 멀리하기 위해 매우 깨끗한 환경이 필요했기 때문에

5 '의료 목적으로 누군가의 신체를 절개하는 과정'의 의미를 가진 단어는 operation(수술)이다. (13행)

구문 해설

07행 People soon started **calling David "the Boy in the Bubble."**
- 〈call A B〉는 'A를 B라고 부르다'의 의미이다.

11행 So he sometimes **spent a week or two living** with his family.
- 〈spend + 시간 + -ing〉는 '~하며 시간을 보내다'의 의미이다.

16행 So they can now help other children **suffering from it**.
- suffering from it은 children을 수식하는 현재분사구이다. 해석하면 '그것을 앓는, 그것으로 고통 받는'의 의미이다.

26 Personalized Ads

p.086

정답

1 (1) F   (2) T   **2** ⑤   **3** ②   **4** 특별히 당신에게 광고하는 것

5 They consider it an invasion of their privacy.

지문 해석   어떤 웹사이트들을 방문하면 당신은 아마도 많은 광고를 볼 것이다. 당신은 그것들 중 보는 것이 있는가? 요즘에 당신은 당신이 관심 있는 제품들의 광고를 볼지도 모른다. 그것은 마치 그 회사들이 특별히 당신에게 광고하고 있는 것처럼 보일 수도 있다.

사실 일부 회사들은 요즘 그렇게 하고 있다. 현대의 기술 덕분에 회사들은 개인 맞춤형 광고들을 이용하고 있다. 그들은 어떻게 이것을 할까? 소셜미디어 거대 기업인 페이스북은 한 가지 대중적인 방법을 사용한다. 그것은 사용자들의 활동을 추적한다. 그것은 사용자들이 자신의 페이스북 페이지에서 무엇을 하고 다른 페이지의 무엇에 "좋아요"를 누르는지에 주목한다. 그것은 또한 그들이 어떤 다른 웹사이트들을 방문하고 무슨 앱들을 다운받는지도 기록한다. 그런 다음 그것은 고객들에게 그들이 원할지도 모르는 제품들의 광고를 보낸다.

어떤 사람들은 이것을 좋아한다. 결국 당신이 실제로 사고 싶어할지도 모르는 제품들의 광고를 받는 것은 좋은 일이다. 그것은 당신이 모를 수도 있는 제품들에 대해 알게 되는 매우 좋은 방법이다. 또 다른 사람들은 그것을 사생활 침해라고 여긴다. 그들은 회사들이 자신들의 온라인 활동을 추적하는 것을 원하지 않는다. 좋든 싫든 간에 개인 맞춤형 광고는 우리 생활의 일부이다. 그리고 그것들은 미래에 훨씬 더 흔해질 것이다.

문제 해설

1 (1) 개인 맞춤형 광고는 소비자가 사고 싶을 수 있는 제품들의 광고를 보여준다. (2~3행, 10~11행)
(2) 글 마지막 문장에서 개인 맞춤형 광고는 미래에 더 흔해질 것이라고 했다.

2 Facebook은 사용자들의 소셜미디어 사용 환경에서의 활동을 추적하고 기록하지만, 실제 만나는 사람들을 추적한다는 언급은 없다.
① 그것은 사용자들의 활동들을 추적한다. (7~8행)
② 그것은 사용자들이 무엇을 "좋아요" 하는지에 주목한다. (9행)
③ 그것은 사용자들이 방문하는 웹사이트들을 기록한다. (9~10행)
④ 그것은 사용자들이 다운받는 앱들을 기록한다. (10행)
⑤ 그것은 사용자들이 만나는 사람들을 추적한다. (언급되지 않음)

3 주어진 문장의 they는 6행의 companies를 가리키고 do this는 개인 맞춤형 광고를 사용하는 것을 의미한다. 따라서 회사가 개인 맞춤형 광고 하는 방법을 설명하기 전인 ②에 오는 것이 가장 알맞다.

4 doing that이 가리키는 내용은 바로 앞 문장에서 언급된 advertising specially to you를 가리킨다.

5 15~16행에 질문에 대한 답이 언급되어 있다.

　　Q: 어떤 사람들은 왜 회사들이 개인 맞춤형 광고를 사용하는 것을 싫어하는가?

　　A: <u>그들은 그것이 사생활 침해라고 여긴다.</u>

구문 해설

02행 Nowadays, you might see ads for **products** [**(that[which])** you are interested in].
- [ ]는 products를 수식하는 관계대명사절이다. 관계대명사절에는 목적격 관계대명사 that[which]이 생략되어 있다.

03행 It may seem **as if** the companies **were advertising** specifically to you.
- as if 뒤에 과거형 동사가 오면 '마치 ~인 것처럼'의 의미로, 현재 사실과 반대되는 내용을 가정한다.
  (→ In fact, the companies are not advertising specifically to you.)

12행 After all, **it**'s nice **to receive ads for products** [*that* **you might actually want to purchase**].
- it은 가주어, to receive ~ purchase가 진주어이다.
- [ ]는 products를 수식하는 목적격 관계대명사절이며, 목적격 관계대명사 that은 생략 가능하다.

15행 Others **consider it an invasion of their privacy**.
- 〈consider A (to be) B〉는 'A를 B로 여기다[생각하다]'의 의미이다.

16행 They don't **want companies to track** their online activities.
- 〈want + 목적어 + to-v〉는 '~가 …하는 것을 원하다'의 의미이다.

27 Orbis International

p.088

정답	1 ③	2 ④	3 ⑤	4 volunteer	5 eye hospital, blindness

지문 해석　전 세계 수백만 명의 사람들이 시력 문제로 고통 받고 있다. 그들 중 다수가 시력을 잃고 실명한다. 현대 의학 덕분에 의사들은 이 사람들의 문제들 중 상당수를 치료할 수 있다. 불행히도 어떤 나라 사람들은 그들을 도울 수 있는 의사들에게 접근할 수 없다. 실명과 다른 안 질환들과 싸우는 많은 단체들이 있다. 이 단체들 중 하나가 오르비스 인터내셔널이다.

　　오르비스 인터내셔널은 하늘을 나는 안과 병원을 운영한다. 이것은 비행기에 있는 병원이다. 비행기에는 교실, 수술실, 그리고 다른 의료 설비들이 있다. 조종사, 의사, 간호사들은 모두 자원봉사자들이다. 그들은 여러 나라로 비행을 한다. 그런 다음 그들은 온갖 종류의 도움을 제공한다. <u>예를 들어</u> 그들은 현지 의사들에게 특정 눈 질환을 치료하는 방법과 눈 수술 하는 방법을 가르친다. 그들은 또한 수술을 하고 의사들이 그 과정들을 볼 수 있도록 그것을 방송한다.

　　하늘을 나는 안과 병원은 한 지역을 떠나기 전에는 의사들에게 중요한 보급품을 내려준다. 그래서 그것이 떠난 후에도 이 의사들은 자신의 환자들에게 값싼 치료를 제공해줄 수 있다. 하늘을 나는 안과 병원 덕분에 전 세계 수천 명의 사람들이 시력이라는 선물의 혜택을 받게 되었다.

문제 해설

1 ⓐ는 문맥상 문장 주어인 people in some countries를 가리킨다.

2 빈칸 이후의 내용은 빈칸 바로 앞의 all kinds of assistance의 구체적인 예시에 해당하므로 빈칸에는 ④ '예를 들어' 가 가장 알맞다.
　　① 마침내　　　　② 그러나　　　　③ 그 결과　　　　⑤ 다시 말해서

3 두 번째와 세 번째 단락에서 오르비스 인터내셔널이 하는 일을 구체적으로 설명하고 있다. ⑤ '환자들에게 안경을 준다' 는 내용은 언급된 바 없다.

　① 의사들에게 수술하는 방법을 가르친다. (11~12행)

　② 수술을 한다. (12~13행)

　③ 의사들이 눈 질환들에 대해 배우는 것을 돕는다. (11~12행)

　④ 의료 보급품을 제공한다. (15~16행)

4 '보수를 받지 않고 기꺼이 어떤 일을 하는 사람'의 의미를 가진 단어는 volunteer(자원봉사자)이다. (10행)

5 오르비스 인터내셔널은 전 세계의 <u>실명</u>과 다른 안 질환들을 예방하는 일에 전념하는 하늘을 나는 <u>안과 병원</u>을 운영한다.

구문 해설　03행　Unfortunately, people in some countries **lack access to** doctors who can help them.

　　　　　　• lack access to는 '~에 접근할 수 없다, ~을 이용할 수 없다'의 의미이다.

　　　　　　cf. have access to: ~에 접근할 수 있다, ~을 이용할 수 있다

　　　　11행　For example, they **teach local doctors how to treat certain eye problems** and **how to do eye surgery**.

　　　　　　• 〈teach + A(간·목) + B(직·목)〉는 'A에게 B를 가르치다'의 의미이다. 직접목적어로 '~하는 방법'이란 뜻의 명사구 〈how + to-v〉 두 개가 쓰였다.

　　　　12행　They also perform operations and broadcast them **so that** doctors **can** watch the processes.

　　　　　　• 〈so that + 주어 + can/could〉는 목적을 나타내며 '~가 …할 수 있도록'의 의미이다.

28 Ancient Greek Monsters

| 정답 | **1** ③ | **2** ② | **3** ⑤ | **4** The ancient Greeks | *Summary* bull, horse, wings, chimera |

지문 해석　고대 그리스인들은 많은 신화들을 갖고 있었다. 그들은 많은 신과 여신들이 있다고 믿었다. 그들은 헤라클레스, 테세우스, 페르세우스와 같은 영웅들에 대한 이야기를 들려주었다. 그들은 또한 자신들의 신화들 속에 매우 다양한 괴물들을 갖고 있었다. 흥미롭게도 이 괴물들 다수는 둘 이상의 동물들로 된 특징을 갖고 있었다.

　많은 그리스 괴물들은 인간과 다른 동물들의 결합체였다. 가장 유명한 괴물들 중 하나는 미노타우로스였다. 그것은 인간의 몸과 황소의 머리를 가진 끔찍한 생명체였다. 켄타우로스는 또 다른 형태의 괴물이었다. 그것은 오직 절반만 인간이었다. 그것의 상반신은 사람처럼 생긴 반면에 하반신은 말을 닮았다. 세이렌은 여자처럼 생겼지만 날개가 있었다. 그들은 해변에서 노래를 부르고 달콤한 목소리로 선원들을 유혹했다.

　또 다른 그리스 괴물들은 인간의 부분이 없었다. 그러나 그들은 다른 동물들의 결합체였다. 키메라는 사자, 염소, 뱀, 이렇게 세 가지 동물로 만들어졌다. 이 치명적인 생명체는 불을 내뿜을 수 있었다. 그리고 그리폰은 사자의 몸에 독수리의 머리와 날개를 가졌다. 그것은 그리스 신화에서 가장 강력한 괴물들 중 하나였다.

문제 해설　**1** 둘 이상의 동물들로 결합된 그리스 신화 속 괴물들에 관한 내용이므로 ③ '동물들의 부분들이 결합된 그리스 괴물들'이 가장 알맞다.

　[문제] 글의 주제로 가장 알맞은 것은?

　① 그리스 영웅들이 싸웠던 괴물들

　② 가장 인기 있는 고대 그리스 신화들

　④ 그리스 신화에서 가장 강력한 괴물들

　⑤ 인간처럼 생긴 그리스 괴물과 생명체들

2 ② '어떤 괴물들이 헤라클레스와 싸웠는가?'에 관한 내용은 언급되지 않았다.

[문제] 글을 읽고 답할 수 <u>없는</u> 질문은?

① 인간의 신체 부위를 가진 괴물들은 무엇이었는가? (7~12행)

③ 세이렌은 선원들에게 무엇을 했는가? (12~13행)

④ 키메라는 어떤 동물들로 이루어졌는가? (16~17행)

⑤ 그리스 신화에서 강력한 괴물 하나는 무엇이었는가? (18~21행)

3 그리폰은 사자의 몸에 독수리의 머리와 날개를 가졌다. (18~20행)

[문제] 그리폰의 머리는 무엇처럼 생겼는가?

① 황소   ② 사자   ③ 염소   ④ 뱀   ⑤ 독수리

4 ⓐ는 앞 문장들의 주어 They와 마찬가지로 The ancient Greeks를 가리킨다.

[문제] 글의 밑줄 친 ⓐ <u>They</u>가 가리키는 것은?

| Summary |

고대 그리스 괴물들

- 미노타우로스는 인간의 몸과 황소의 머리를 갖고 있었다.
- 켄타우로스는 반은 인간이고 반은 말이었다.
- 세이렌은 날개 달린 여자처럼 생겼다.
- 키메라와 그리폰은 다른 동물들의 결합체였다.

구문 해설

08행 It was a terrible creature **with the body of a man but the head of a bull**.

- with ~ bull은 creature를 수식하는 전치사구이며, 여기서 전치사 with는 '~을 가진'의 의미이다.

10행 Its upper body looked like a man **while** its lower body resembled a horse.

- while은 '~인 반면에'의 의미로 대조를 나타낸다.

12행 They sang along the shore and tempted sailors **with** their sweet voices.

- with는 '~로, ~을 가지고'의 의미로 도구, 수단을 나타낸다.

---

focus On Sentences

Ⓐ 1 그는 가끔씩 일주일이나 2주일을 가족과 생활하면서 보냈다.

2 그것은 마치 그 회사들이 특별히 당신에게 광고하고 있는 것처럼 보일 수도 있다.

3 그들은 수술을 하고 의사들이 그 과정들을 볼 수 있도록 그것을 방송한다.

4 그것의 상반신은 사람처럼 생긴 반면에 하반신은 말을 닮았다.

Ⓑ 1 So they can now <u>help other children suffering from it</u>.

2 <u>It's a great way to learn about products</u> you might not know about.

3 They don't <u>want companies to track their online activities</u>.

Ⓒ 1 David needed a very clean environment to <u>keep</u> germs <u>away</u>.

2 Nowadays, you might see ads for products you <u>are interested in</u>.

3 Before the Flying Eye Hospital leaves an area, it <u>drops off</u> important supplies for doctors.

UNIT **08**

Words & Phrases

p.095

A

1 agree	**2** 10년	**3** 주된	**4** 극도로, 매우	**5** remote control
6 trunk	**7** height	**8** 폭발, 분출	**9** 위험한	**10** 밀봉[밀폐]하다
11 북극	**12** 거꾸로의	**13** 폭포	**14** 저돌적인 사람	**15** border
16 steam	**17** 차량, 운송 수단	**18** (드릴로) 구멍을 뚫다		
19 스릴 넘치는, 짜릿한	**20** deliver	**21** 거대한	**22** volcanic	
23 하락, 감소; 낙하거리	**24** branch	**25** suggest	**26** 통	**27** 무인의
28 재생 가능한	**29** 항공의	**30** store	**31** 지름	**32** ~로 알려져 있다
33 ~을 건너다	**34** 성공하다, 해내다	**35** 화석 연료	**36** 발전소	**37** 어려움에 처한
38 ~을 나타내다[의미하다]	**39** ~에 의지하다	**40** A를 B라고 말하다[언급하다]		

B **1** have, in common **2** have fun **3** run out of **4** have to do with **5** participate in

---

29 Drone Technology

p.096

> 정답 **1** (1) T (2) F **2** ③ **3** ⑤ **4** pilots **5** toys, have fun

지문 해석 1903년에 Wright 형제가 세계 최초의 비행기를 날게 했다. 그 최초의 비행 이후 수십 년간 사람들은 항공 기술에서 많은 진보를 이루었다. 그들은 비행기와 헬리콥터를 만들었다. 이 기계들은 다르게 생겼고 다른 특징들을 가졌지만 한가지 공통점이 있었다. 바로 조종사가 있다는 점이었다. 요즘에는 드론 기술 덕분에 그것이 바뀌고 있다.

드론은 UAV로도 알려져 있다. UAV는 무인 항공기를 나타낸다. 기본적으로 드론은 조종사가 없지만 대신 땅 위에서 원격 조종을 하는 누군가에 의해 작동된다. 대부분의 사람들은 뉴스를 봐서 드론에 대해 알고 있다. 그들은 일부 국가들의 군대가 UAV를 사용하고 있는 것을 본다. 그렇지만 오늘날 드론은 더 많은 용도를 갖고 있다.

어떤 취재진들은 부착된 카메라가 달린 드론을 사용한다. 드론은 그들이 도달할 수 없는 곳의 사진과 동영상들을 찍을 수 있다. 시리아, 르완다, 그리고 다른 나라들에서 그것은 어려움에 처한 사람들에게 식량과 다른 보급품을 내려준다. 아마존닷컴과 같은 주요 회사들은 그들이 직접 드론 기술을 개발하고 있다. 아마존닷컴은 곧 그것을 사용하여 상품 배달을 시작하기를 희망한다. 그리고 물론 많은 사람들이 그것을 장난감으로 사용한다. 그들은 단지 즐기기 위해 헬리콥터처럼 생긴 드론을 날린다.

문제 해설 **1** (1) 일부 국가들의 군대에서 사용 중이므로 맞는 진술이다. (11~12행)

(2) 1903년은 Wright 형제가 최초의 비행기를 날게 했던 때이다. (1~2행)

(1) 일부 국가들은 드론을 군사적인 목적으로 사용한다.

(2) 드론이 상공을 최초로 비행한 때는 1903년이었다.

2 드론이 누구에 의해 처음 만들어졌는지에 대한 언급은 없다.

[문제] 글을 읽고 답할 수 <u>없는</u> 질문은?

① UAV는 무엇을 의미하는가? (8~9행)

② 드론은 어떻게 작동되는가? (9~10행)

③ 드론을 만든 최초의 사람은 누구였는가? (언급되지 않음)

④ 드론은 취재진들을 위해 무엇을 할 수 있는가? (13~14행)

⑤ 아마존닷컴은 어떻게 드론을 이용할 것인가? (18~19행)

3 ⓐ~ⓓ는 모두 drones를 가리키지만 ⓔ는 앞문장의 주어 many people을 가리킨다.

4 비행기와 헬리콥터와는 달리 드론은 조종사가 없다.

5 19~21행에 질문에 대한 내용이 언급되어 있다.

Q: 보통 사람들은 드론을 어떻게 사용하는가?

A: 그들은 드론을 재미있게 가지고 놀 수 있는 멋진 장난감이라고 생각한다.

구문 해설

05행 These machines **looked different** and had different characteristics, but each of them *had* one thing *in common*: they had pilots.

- 〈look + 형용사〉는 '~하게 보이다[생기다]'의 의미이다.
- have ~ in common은 '~을 공통으로 가지다'의 의미이다. had one thing in common은 '한 가지 공통점이 있었다'로 해석할 수 있다. *cf.* have a lot in common: 공통점이 많다 / have nothing in common: 공통점이 전혀 없다

09행 Basically, drones have no pilots but are instead operated by **someone** on the ground [**who** uses a remote control].

- 선행사 someone과 이를 수식하는 주격 관계대명사절 사이에 someone을 수식하는 전치사구가 끼어들어 있다. 관계대명사절은 보통 선행사 바로 뒤에 오지만 선행사를 꾸미는 짧은 수식어구가 있을 경우 선행사와 관계대명사절 사이에 올 수 있다.

11행 They **see some countries' militaries using** UAVs.

- 〈see + 목적어 + 현재분사/동사원형〉은 '~가 …하는 것을 보다'의 의미이다.

14행 Drones can take pictures and videos of **places** [(**that[which]**) they cannot get to].

- [ ]는 places를 수식하는 관계대명사절이며 목적격 관계대명사 that[which]이 생략되어 있다. 이때 관계대명사는 전치사 to의 목적어에 해당된다.

30 Electricity in Iceland

p.098

정답   **1** ④   **2** ②   **3** ②   **4** active volcanoes   **5** renewable, hydroelectric, geothermal

지문 해석   아이슬란드는 북대서양에 있는 작은 섬이다. 그것은 북극에 가까이 있어서 그곳의 날씨는 연중 대부분이 춥다. 아이슬란드는 화산섬이다. 그곳은 화산 폭발 때문에 형성되었고 오늘날에도 여전히 활동하는 화산들이 있다.

아이슬란드 사람들이 화석 연료로 전기를 만들기를 원했다면, 그들은 석탄을 사용하는 발전소를 지었을 것이다. 그러나 그들은 환경을 보호하는 것을 더 원했다. 그래서 그들은 재생 에너지원에 의존했다. 오늘날 아이슬란드는 전기의 100퍼센트를 재생 가능한 자원들로부터 얻는다. 그것의 주된 에너지원은 수력 발전이다. 이 나라에는 많은 빙하와 산들이 있다. 그러므로 빠르게 흐르는 강들이 많이 있다. 이 강들의 다수는 전기가 생산되는 댐들을 갖고 있다.

지열 에너지 또한 아이슬란드에서 많은 양의 전기를 만들어낸다. 그곳의 활화산들은 땅을 매우 뜨겁게 만든다. (A) 관들은 마그마가 고여있는 곳 근처 땅 속에 구멍을 뚫어 삽입된다. (C) 물이 관 속으로 보내지면 마그마 때문에 증기로 변한다. (B) 그런 다음 그 증기는 터빈에서 전기를 만들어낸다. 수력 에너지처럼 지열 에너지도 재생 가능하다. 그러므로 아이슬란드 사람들은 결코 이 두 종류의 에너지를 다 써버리지 않을 것이다.

문제 해설   **1** 아이슬란드가 어떻게 전기의 100퍼센트를 재생 가능한 자원들로부터 얻을 수 있는지를 소개하고 있으므로 ④ '아이슬란드가 가장 깨끗한 에너지를 갖고 있는 이유'가 가장 알맞다.

① 지열 에너지의 이점들   ② 사람들이 아이슬란드에 살고 싶어하는 이유
③ 가장 좋은 재생 가능 에너지 유형   ⑤ 수력 발전을 하는 방법

2 8행의 "Its primary source is hydroelectric"을 통해 ② '수력'이 아이슬란드의 주된 에너지원임을 알 수 있다.

3 지열 에너지로부터 전기를 얻는 과정을 소개하고 있다. 관(Pipes)이 처음 언급되는 (A)가 먼저 나오고 그 관(the pipes)에 물을 보내 증기로 바꾼다는 (C)가 나온 후, 마지막으로 그 증기(The steam)를 전기로 바꾼다는 (B)가 나와야 자연스럽다.

4 13행의 "The active volcanoes there make the ground very hot"이란 문장을 통해 활화산이 지열을 발생시킨다는 것을 알 수 있다.

Q: 아이슬란드의 땅은 왜 뜨거운가?

A: 아이슬란드에는 활화산들이 있기 때문에

5 아이슬란드는 모든 전기를 강에서 얻는 수력 발전과 땅에서 얻는 지열 에너지 같은 재생 가능한 에너지원들로부터 얻는다.

구문 해설

03행 It was formed **due to** volcanic eruptions and still has active volcanoes today.
  • 〈due to + 명사(구)〉는 '~때문에'의 의미이다. (= because of)

05행 **If** Icelanders **had wanted** to make electricity from fossil fuels, they **would have built** power plants that use coal.
  • 〈If + 주어 + had p.p., 주어 + 조동사 과거형 + have p.p.〉는 '(그때) 만약 ~이었다면 …이었을 것이다'란 뜻의 가정법 과거완료이다. 과거 사실과 반대되는 내용을 가정할 때 쓰는 표현이다. (= As Icelanders didn't want to make electricity from fossil fuels, they didn't build power plants that use coal.)

10행 Many of these rivers have **dams** [**where** electricity is produced].
  • [ ]는 관계부사 where가 이끄는 형용사절로 선행사 dams를 수식한다.

31 The Tree of Life

p.100

정답　**1** ②　**2** (1) F　(2) T　**3** ⑤　**4** diameter　| *Summary* | Africa, trunk, drill, ice cream

지문 해석　아프리카에서 가장 독특한 나무들 중 하나는 바오바브 나무이다. 그것은 대략 30미터 높이까지 자랄 수 있다. 그것은 또한 거대한 몸통을 갖고 있다. 다수가 지름이 15미터인 몸통을 갖고 있다. 이 나무는 또한 이상하게 생겼다. 그것의 가지들은 뿌리처럼 보이게 자란다. 그 때문에 많은 아프리카 인들은 그것을 거꾸로 나무라고 부른다.
　아프리카 인들은 또한 그것을 생명의 나무라고도 말한다. 이에 대한 두 가지 이유가 있다. 우선 이 나무는 몸통에 물을 저장한다. 어떤 바오바브 나무들에는 십만 리터 이상의 물이 들어 있다. 이 나무는 사막 같은 더운 환경에서 자란다. 그래서 그것은 종종 아프리카 인들에게 물을 제공해준다. 물을 원할 때면 아프리카 인들은 바오바브 나무에 구멍을 뚫는다. 이렇게 하면 그들은 나무 안에 있는 물을 이용할 수 있다.
　바오바브 나무가 생명의 나무로 여겨지는 두 번째 이유는 그것의 열매와 관계가 있다. 그것은 코코넛 크기 정도이다. 하지만 원숭이들이 그것을 먹는 것을 매우 좋아하기 때문에 원숭이 빵이라고 불린다. 그것은 아이스크림 같은 맛이 나고 여러 가지 비타민을 함유하고 있다. 바오바브 나무는 수천 년 동안 아프리카 인들에게 물과 음식을 제공해왔기 때문에 그러한 별명을 얻게 되었다.

문제 해설　**1** 바오바브 나무의 가지들이 마치 뿌리처럼 보이도록 자라기 때문에 거꾸로 나무라고 불리게 되었다. (4~5행)

[문제] 아프리카 인들이 바오바브 나무를 거꾸로 나무라고 부르는 이유는?

① 그것의 뿌리들은 공중 위로 자란다.　　　② 그것의 가지들은 뿌리처럼 생겼다.

③ 그것의 뿌리들은 몸통보다 더 길다.　　　④ 그것의 뿌리들은 땅 속 깊이 자란다.

⑤ 그것의 몸통은 위가 아니라 아래로 자란다.

2 (1) 십만 리터라고 되어있으므로 틀린 진술이다. (7~8행)

(2) 원숭이가 좋아해서 이런 이름이 붙었다고 언급되어 있으므로 맞는 진술이다. (13~14행)

(1) 어떤 바오바브 나무들은 백만 리터 이상의 물을 갖고 있다.

(2) 원숭이 빵은 바오바브 나무의 열매의 이름이다.

3 ⓐ~ⓓ는 바오바브 나무 열매(its fruit)를 가리키고 ⓔ는 바오바브 나무(the baobab)를 가리킨다.

4 '원의 중심을 지나는 직선'의 의미를 가진 단어는 diameter(지름)이다. (3행)

| *Summary* |

바오바브 나무

- 아프리카에서 자라고 높이 30미터, 폭 15미터가 될 수 있다.
- 몸통에 물이 들어 있어서 생명의 나무라고 불린다.
- 아프리카 인들은 물을 얻기 위해 나무에 구멍을 뚫을 수 있다.
- 그것의 열매는 원숭이 빵으로 불리고 아이스크림 같은 맛이 난다.

구문 해설

04행 Its branches grow **so that** they look like roots.
- so that은 '~하기 위해'의 의미로 목적을 나타낸다.

10행 This **lets them access** the water *found inside the tree*.
- 〈let + 목적어 + 동사원형〉은 '~가 …하게 (허락)하다'의 의미이다. 동사 access는 '~에 접근하다, ~을 이용하다'의 의미이다.
- found ~ tree는 water를 수식하는 과거분사구이다.

12행 A second **reason** [(why) the baobab is considered the tree of life] *has to do with* its fruit.
- [ ]는 reason을 수식하는 형용사절로 관계부사 why가 생략되어 있다. 선행사 reason 뒤에서 why는 종종 생략된다.
- have to do with는 '~와 관계가 있다'의 의미이다.

15행 Because the baobab has **provided Africans with water and food** for thousands of years, it has earned its nickname.
- 〈provide A(사람) with B(사물)〉는 'A에게 B를 제공하다'의 의미로 〈provide B(사물) for A(사람)〉로 바꿔 쓸 수 있다. (= provided water and food for Africans)

32 The Original Extreme Sport

p.102

정답 **1** ⑤ **2** ④ **3** (1) T (2) F **4** Niagara Falls **5** thrilling

지문 해석 어떤 사람들은 야구, 테니스, 축구 같은 운동을 하는 것을 즐기지 않는다. 그들에게 그런 스포츠는 충분히 위험하지 않다. 그것이 요즘 익스트림 스포츠들이 인기 있는 이유이다. 저돌적인 사람들은 행글라이딩을 하러 가거나 스키를 타고 위험한 산을 내려오거나 상어와 함께 스쿠버 다이빙을 하러 가는 것을 좋아한다. 그들은 이런 활동들을 스릴 넘친다고 생각한다.

1900년대 초반에 소수의 용감한 사람들이 했던 스릴 넘치는 활동이 또 하나 있었다. 그들은 통 안에 들어가서 나이아가라 폭포를 건너갔다. 나이아가라 폭포는 캐나다와 미국 국경 사이에 있는 거대한 폭포이다. 그것은 높이가 50미터 이상이다. 그렇게 높은 낙하거리와 강력한 물살은 매우 치명적이다.

하지만 그런 위험이 일부 사람들을 멈추게 하지는 않았다. 1901년에 어떤 사람이 Annie Edson Taylor에게 통 안에 들어가서 나이아가라 폭포를 건널 것을 제안했다. Taylor는 당시 61세였고 동의했다. 그녀는 그렇게 함으로써 돈을 벌고 싶었다. 10월 24일에 그녀는 통 속에 들어가 밀봉을 했고 폭포를 건너갔다. 통이 열렸을 때 그녀는 머리에 베인 상처가 있었지만 성공했다. Taylor는 부자가 되지는 않았지만 최초의 익스트림 스포츠에 최초로 참가한 사람이 되었다.

문제 해설

1 글에서 ⑤ 'Annie Edson Taylor가 한 다른 익스트림 스포츠들은 무엇인가?'에 관한 언급은 나와있지 않다.

[문제] 글을 읽고 답할 수 <u>없는</u> 질문은?

① 익스트림 스포츠의 예들은 무엇인가? (3~4행)

② 사람들은 왜 익스트림 스포츠를 하는 것을 좋아하는가? (4~5행)

③ Annie Edson Taylor가 나이아가라 폭포를 건넜을 때는 몇 세였는가? (13행)

④ Annie Edson Taylor가 나이아가라 폭포를 건너는 동안 무슨 일이 일어났는가? (15~16행)

2 13~14행에서 그녀는 돈을 벌고 싶었기 때문에 그 일을 했다고 했다.

[문제] Annie Edson Taylor가 나이아가라 폭포를 건너는 것에 동의한 이유는?

① 그녀는 TV에 나오고 싶었다.

② 그녀는 그 폭포를 보고 싶었다.

③ 그녀는 그것이 재미있을 거라 생각했다.

④ 그녀는 돈을 벌고 싶었다.

⑤ 그녀는 캐나다를 방문하고 싶었다.

3 (1) 그녀는 머리에 상처만 입고 성공했으므로 맞는 진술이다. (15~16행)

(2) 글 마지막 문장에서 부자가 되지는 못했다고 나와 있다.

[문제] Annie Edson Taylor에 관한 글의 내용과 일치하면 T, 그렇지 않으면 F를 쓰시오.

(1) 그녀는 통 안에 들어가 나이아가라 폭포를 성공적으로 건넜다.

(2) 그녀는 그 도전을 완수한 후에 부자가 되었다.

4 높이가 50미터 이상이라고 했으므로 나이아가라 폭포를 가리키고 있음을 알 수 있다.

[문제] 글의 밑줄 친 ⓐ It이 가리키는 것은?

5 '극도로 흥미 있는'의 의미를 가진 단어는 'thrilling(스릴 넘치는, 짜릿한)'이다. (5, 6행)

[문제] 다음 주어진 뜻을 가진 단어를 글에서 찾아 쓰시오.

구문 해설

04행 They **find these activities thrilling**.

• ⟨find + 목적어 + 형용사⟩는 '~을 …라고 생각하다'의 의미이다. 여기서 find는 think, feel의 의미이다.

06행 In the early 1900s, there was another thrilling activity [**(that[which])** a few brave people did].

• [ ]는 activity를 수식하는 관계대명사절이다. 관계대명사절에는 목적격 관계대명사 that[which]이 생략되어 있다.

11행 In 1901, someone **suggested that** Annie Edson Taylor **(should) go** over Niagara Falls in a barrel.

• ⟨suggest + that + 주어(+ should) + 동사원형⟩은 '~에게 할 것을 제안하다'의 의미이다.

A 1 어떤 취재진들은 부착된 카메라가 달린 드론을 사용한다.

2 아이슬란드 사람들이 화석 연료로 전기를 만들기를 원했다면, 그들은 석탄을 사용하는 발전소를 지었을 것이다.

3 그것의 가지들은 뿌리처럼 보이게 자란다.

4 1901년에 어떤 사람이 Annie Edson Taylor에게 통 안에 들어가서 나이아가라 폭포를 건널 것을 제안했다.

B 1 They see some countries' militaries using UAVs.

2 Africans also refer to it as the tree of life.

3 The baobab has provided Africans with water and food for thousands of years.

C 1 These machines had one thing in common.

2 UAV stands for unmanned aerial vehicle.

3 A second reason the baobab is considered the tree of life has to do with its fruit.

WORKBOOK ANSWER KEYS

A 1 solid 단단한, 견고한   2 feed 먹이를 주다
    3 fire 해고하다   4 attach 붙이다
    5 climate 기후   6 altitude 고도
    7 glacier 빙하   8 fertile 비옥한

B 1 ③   2 ②

C 1 below freezing   2 take care of
    3 get better

D 1 Would you ask her to call me back right
      away?
    2 Your donation enables the students to
      continue receiving an education.
    3 Do you really expect me to believe the liar?
    4 My parents always encourage me to say
      good words to other people.

E 1 dye → dyed   2 to fix → fixed
    3 upgrading → upgraded
    4 be whitened → whitened

F 1 We saw him falling
    2 so busy that I didn't have time to eat dinner
    3 It doesn't matter if you can't speak
    4 It is impossible to finish the assignment

A 1 affect 영향을 미치다   2 crew 승무원
    3 crowd 군중   4 weed 잡초
    5 pollute 오염시키다   6 tool 도구
    7 prove 증명하다   8 resource 자원

B 1 ③   2 ②

C 1 is about to   2 is able to
    3 get rid of

D 1 teaching   2 to fasten
    3 lending

E 1 used to be   2 used to swim
    3 use to live

F 1 due to the hurricane
    2 It took him five years to write the novel.
    3 The bus I was waiting for
    4 prevented him from driving a car

A 1 ruin 망치다   2 deadly 치명적인
    3 please 기쁘게 하다   4 creature 생물
    5 resemble 닮다   6 astronomer 천문학자
    7 destination 목적지   8 ingredient 재료

B 1 ③   2 ③

C 1 deal with   2 lead to
    3 watch out for

D 1 must have lost
    2 may[might] have happened
    3 cannot have said

E 1 must   2 cannot
    3 might   4 cannot

F 1 so attractive that he has many fans
    2 Don't let your dog loose
    3 The sun is 109 times bigger than the Earth.
    4 impossible for humans to live on

A 1 advanced 진보한   2 cube 정육면체
    3 robber 강도   4 valuables 귀중품
    5 automatically 자동적으로
    6 breathe 숨쉬다   7 remind 상기시키다
    8 receipt 영수증

B 1 ①   2 ④

C 1 belongs to   2 take place
    3 is capable of

D 1 which   2 who, that
    3 who   4 which, that

E 1 Laura는 우리가 막 떠나려고 할 때 도착했다.
    2 날이 매우 더웠기 때문에 우리는 수영하러 가기로
      결심했다.
    3 내 남동생은 자라면서 나보다 키가 더 커졌다.

F 1 A common complaint people have about
      living in cities
    2 since I have no classes today
    3 useful tips for people traveling to Europe
    4 He might be able to help us.

A 1 fictional 허구의　　2 property 성질, 특성
　　3 remedy 치료(법), 치료약
　　4 enemy 적　　5 continent 대륙
　　6 astronaut 우주비행사
　　7 monument 기념물; 유적
　　8 bandage 붕대

B 1 ③　　2 ④

C 1 as well as　　2 a variety of
　　3 is connected to

D 1 Playing soccer
　　2 Being interested in robots
　　3 Not understanding his question

E 1 the TV on　　2 his arms crossed
　　3 his dog following

F 1 He was thought to be the fastest man
　　2 kept me from sleeping
　　3 has been restoring the painting for two years
　　4 is three times as big as the kitten

A 1 opposite 반대의　　2 goods 상품
　　3 soak 담그다, 적시다　　4 consider 고려하다
　　5 legend 전설　　6 surface 표면
　　7 mine 채굴하다　　8 asteroid 소행성

B 1 ③　　2 ④

C 1 according to　　2 all at once
　　3 was forced to

D 1 Whenever　　2 wherever
　　3 however　　4 Whenever

E 1 I ate a lot of ice cream, which made me sick.
　　2 She found a new job, which was lucky.
　　3 He put hot sauce on his pizza, which I didn't like.

F 1 it needs to be fixed
　　2 a wallet with a lot of cash in it
　　3 We learned how to make fossils
　　4 My language teacher helped me speak English fluently.

A 1 relax 휴식을 취하다, 쉬다
　　2 method 방법　　3 sight 시력
　　4 customer 고객, 소비자
　　5 patient 환자
　　6 combination 결합, 조합
　　7 germ 세균　　8 tempt 유혹하다

B 1 ②　　2 ①

C 1 benefit from　　2 Keep away
　　3 suffering from

D 1 as if I were　　2 as if she were
　　3 as if they didn't know

E 1 as, while　　2 While
　　3 when, while　　4 while

F 1 spend time traveling around the world
　　2 so that I don't catch a cold
　　3 We don't want them to know about the secret.
　　4 It's a great way to get closer

A 1 primary 주된
　　2 thrilling 스릴 넘치는, 짜릿한
　　3 decade 10년　　4 enormous 거대한
　　5 vehicle 차량, 운송 수단
　　6 border 국경　　7 Arctic 북극
　　8 diameter 지름

B 1 ①　　2 ④

C 1 make it　　2 have a lot to do with
　　3 run out of

D 1 had not rained, have gone
　　2 had not told, would have forgotten
　　3 had won, could have bought

E 1 saves → save　　2 refunded → refund
　　3 is → be　　4 didn't → not

F 1 we have nothing in common
　　2 saw the paparazzi taking pictures of him
　　3 refer to South Africa as the rainbow nation
　　4 has provided the disabled with convenient facilities

내공
중학영어독해

실력2

Workbook

DARAKWON

UNIT 01 / REVIEW TEST

A 다음 영영풀이에 알맞은 단어를 골라 쓴 후 우리말 뜻을 쓰시오.

fertile	feed	attach	glacier
climate	altitude	fire	solid

1 hard or firm

2 to give food to a person or animal

3 to make someone to leave their job

4 to fasten or join one thing to another

5 the type of weather in a particular area

6 the height of a place or thing above the sea

7 a large mass of ice that moves very slowly

8 able to produce good crops or plants

B 밑줄 친 단어와 비슷한 의미의 단어를 고르시오.

1 The doctor said I would <u>require</u> surgery on my knee.

① pay ② carve ③ need ④ finish

2 The sculpture is made <u>entirely</u> of old car tires.

① probably ② completely ③ incredibly ④ eventually

C 빈칸에 들어갈 알맞은 표현을 골라 쓰시오.

get better	below freezing	take care of

1 You can see frost when the temperature is _____ .

2 The kids are not old enough to _____ themselves.

3 If you get some rest, you will _____ soon.

D 다음 ( ) 안에 주어진 말을 바르게 배열하여 문장을 다시 쓰시오.

1 Would you (her, call, to, ask) me back right away?

→ _____

2 Your donation (to, the, enables, continue, students) receiving an education.

→ _____

3 Do you really (me, expect, believe, to) that liar?

→ _____

4 My parents always (me, say, encourage, to) good words to other people.

→ _____

E 다음 문장에서 <u>틀린</u> 부분을 바르게 고치시오.

1 Did you have your hair dye? _____ → _____

2 I need to get my bike to fix. _____ → _____

3 He had his computer upgrading. _____ → _____

4 She got her teeth be whitened. _____ → _____

Writing Practice

F 우리말과 같은 뜻이 되도록 주어진 말을 바르게 배열하시오.

1 우리는 그가 의자에 걸려 넘어지는 것을 보았다. (falling, we, him, saw)

_____ over a chair.

2 나는 너무 바빠서 저녁을 먹을 시간이 없었다. (so, didn't, I, have, to, busy, dinner, time, eat, that)

I was _____ .

3 당신이 영어를 정확하게 말할 수 없어도 상관없다.

(if, it, can't, matter, you, doesn't, speak)

_____ English correctly.

4 내일까지 과제를 다 끝내는 것은 불가능하다.

(is, finish, the, it, to, impossible, assignment)

_____ by tomorrow.

Vocabulary Practice

A 다음 영영풀이에 알맞은 단어를 골라 쓴 후 우리말 뜻을 쓰시오.

| pollute | crew | tool | crowd |
| prove | affect | resource | weed |

1 to change or influence something _____ _____

2 the people who work on a ship or plane _____ _____

3 a large number of people in the same place _____ _____

4 a plant growing where it is not wanted _____ _____

5 to make air, water, or land dangerously dirty _____ _____

6 something that you use to do a particular job _____ _____

7 to show that something is true by providing facts _____ _____

8 something that you can use to help you achieve something _____ _____

B 밑줄 친 단어와 비슷한 의미의 단어를 고르시오.

1 The river is so <u>broad</u> that you can't see the other side.
   ① fast   ② dirty   ③ wide   ④ deep

2 The company makes products that are <u>appealing</u> to customers.
   ① ideal   ② attractive   ③ expensive   ④ convenient

C 빈칸에 들어갈 알맞은 표현을 골라 쓰시오.

| is able to | is about to | get rid of |

1 Hurry up! The movie _____ begin.

2 Nick _____ run 100 meters in 10 seconds.

3 This medicine will _____ your headache.

D 우리말과 같은 뜻이 되도록 ( ) 안의 말을 이용하여 문장을 완성하시오.

1 그녀는 10년 전에 그를 가르쳤던 것을 기억했다. (teach)

She remembered _____ him 10 years ago.

2 안전벨트 매는 것을 잊지 마세요. (fasten)

Don't forget _____ your seatbelt.

3 그는 친구에게 자신의 공책을 빌려준 것을 완전히 잊고 있었다. (lend)

He completely forgot _____ his notebook to his friend.

E 다음 문장을 used to 구문을 이용하여 완성하시오.

1 There was a Chinese restaurant at the corner, but now there isn't.

→ There _____ a Chinese restaurant at the corner.

2 I swam after school for over a year, but these days I don't.

→ I _____ after school for over a year.

3 She lived in Paris for 5 years, but she doesn't anymore.

→ She _____ in Paris for 5 years.

Writing Practice

F 우리말과 같은 뜻이 되도록 주어진 말을 바르게 배열하시오.

1 허리케인 때문에 비행기가 지연되고 있다. (the, to, hurricane, due)

The flight is delayed _____.

2 그가 그 소설을 쓰는 데는 5년이 걸렸다. (it, him, novel, years, took, to, five, the, write)

_____

3 내가 기다리고 있던 버스는 나를 지나쳐갔다. (waiting, bus, was, the, I, for)

_____ drove past me.

4 그는 장애 때문에 차를 운전할 수 없다. (from, a, prevented, car, driving, him)

His disability _____.

Vocabulary Practice

A 다음 영영풀이에 알맞은 단어를 골라 쓴 후 우리말 뜻을 쓰시오.

ingredient	creature	deadly	resemble
astronomer	destination	ruin	please

1 to spoil something

_____ _____

2 able to kill people

_____ _____

3 to make you happy or satisfied

_____ _____

4 anything that is living except plants

_____ _____

5 to be similar to someone or something

_____ _____

6 a scientist who studies the stars and planet

_____ _____

7 the place where you are going

_____ _____

8 one of the foods that you use to make
a particular dish

_____ _____

B 밑줄 친 단어와 비슷한 의미의 단어를 고르시오.

1 We will need a truck to <u>transport</u> all this furniture.

① hold   ② bring   ③ move   ④ settle

2 This house is perfectly <u>suitable</u> for a large family.

① safe   ② huge   ③ right   ④ simple

C 빈칸에 들어갈 알맞은 표현을 골라 쓰시오.

lead to	deal with	watch out for

1 How will the government _____ this situation?

2 The study shows that lack of sleep can _____ weight gain.

3 When you drive, _____ kids running into the street.

D 우리말과 같은 뜻이 되도록 ( ) 안의 말을 이용하여 문장을 완성하시오.

1 그들은 경기에서 졌음에 틀림없다. (lose)

They _____ the game.

2 그녀에게 무슨 일이 생겼을지도 몰라. (happen)

Something _____ to her.

3 John이 그런 말을 했을 리가 없다. (say)

John _____ such a word.

E 다음 ( ) 안에서 알맞은 것을 고르시오.

1 Sally (must, might not) have gone out. I can't see her.

2 Mark is quite smart. He (must, cannot) have failed the exam.

3 The music next door was so loud. They (might, can't) have had a party.

4 You (might, cannot) have locked the door. It's open now.

Writing Practice

F 우리말과 같은 뜻이 되도록 주어진 말을 바르게 배열하시오.

1 그 배우는 너무 매력적이어서 전 세계에 많은 팬들이 있다.

(he, that, so, many, has, attractive, fans)

The actor is _____ around the world.

2 공공장소에서 당신의 개를 풀어놓지 마시오. (let, dog, loose, don't, your)

_____ in public places.

3 태양은 지구보다 109배 더 크다. (109, the, bigger, sun, Earth, than, is, the, times)

_____

4 그 행성은 인간들이 살기에 불가능하다. (to, impossible, live, humans, for, on)

The planet is _____ .

UNIT **04** / REVIEW TEST

A 다음 영영풀이에 알맞은 단어를 골라 쓴 후 우리말 뜻을 쓰시오.

breathe	cube	remind	robber
receipt	valuables	automatically	advanced

1 highly developed _____ _____

2 an object with six equal square sides _____ _____

3 someone who steals money or things _____ _____

4 things that are worth a lot of money _____ _____

5 by a machine, without a person doing anything _____ _____

6 to take air into your lungs and to send it out again _____ _____

7 to make someone remember something _____ _____

8 a piece of paper showing that you have paid for something _____ _____

B 밑줄 친 단어와 비슷한 의미의 단어를 고르시오.

1 His failure caused a great amount of <u>suffering</u> to his family.

① pain ② memory ③ illness ④ success

2 A <u>feature</u> of Van Gogh's paintings is their bright colors.

① value ② price ③ advantage ④ characteristic

C 빈칸에 들어갈 알맞은 표현을 골라 쓰시오.

take place	is capable of	belongs to

1 The notebook _____ my sister.

2 How often do U.S. presidential elections _____ ?

3 We are looking for a person who _____ speaking Spanish.

D 다음 ( ) 안에서 알맞은 관계대명사를 <u>모두</u> 고르시오.

1 I watched a movie, (which, that) was quite boring.

2 The woman (who, that) is holding a dog is Tara.

3 Amy, (who, that) is my best friend, appeared in a movie.

4 Those are cookies (which, that) I made for my mom.

E 다음 문장을 밑줄 친 부분에 유의하여 우리말로 해석하시오.

1 Laura arrived <u>as we were about to leave</u>.

→ _____

2 <u>As it was very hot</u>, we decided to go swimming.

→ _____

3 My brother became taller than me <u>as he grew up</u>.

→ _____

Writing Practice

F 우리말과 같은 뜻이 되도록 주어진 말을 바르게 배열하시오.

1 사람들이 도시에 사는 것에 대해 갖고 있는 흔한 불만은 교통 체증이다.
(have, living, common, a, cities, about, people, in, complaint)

_____ is traffic jams.

2 오늘은 수업이 없기 때문에 학교에 갈 필요가 없다. (classes, have, since, today, no, I)

I don't have to go to school _____ .

3 이 책은 유럽을 여행하는 사람들을 위한 유용한 정보가 들어있다.
(traveling, tips, Europe, for, useful, to, people)

This book includes _____ .

4 그는 우리를 도와줄 수 있을지도 모른다. (us, might, to, able, he, be, help)

_____

UNIT **05** / REVIEW TEST

Vocabulary Practice

A 다음 영영풀이에 알맞은 단어를 골라 쓴 후 우리말 뜻을 쓰시오.

enemy	remedy	fictional	astronaut
bandage	property	monument	continent

1 invented for a book, play, or film _____ _____

2 a quality or feature of something _____ _____

3 a cure for pain or a minor illness _____ _____

4 someone who hates you and tries to harm you _____ _____

5 an extremely large landmass _____ _____

6 someone who travels and works in a spacecraft _____ _____

7 an old building or place of historical importance _____ _____

8 a long piece of cloth that you wrap around an injured part of your body _____ _____

B 밑줄 친 단어와 비슷한 의미의 단어를 고르시오.

1 As the magician waved his wand, the rabbit <u>vanished</u>.

① hid ② jumped ③ disappeared ④ ran away

2 The city has a plan to <u>improve</u> its roads for bicycles.

① buy ② build ③ break ④ upgrade

C 빈칸에 들어갈 알맞은 표현을 골라 쓰시오.

a variety of	as well as	is connected to

1 Trees give us shade _____ fruit.

2 The shop sells _____ Christmas items.

3 The swimming pool at this hotel _____ the beach.

D 다음 문장을 분사구문으로 바꾸어 쓰시오.

1 While I was playing soccer, I scored two goals.

→ _____, I scored two goals.

2 As he is interested in robots, he wants to be a robot scientist.

→ _____, he wants to be a robot scientist.

3 Since I didn't understand his question, I couldn't give him an answer.

→ _____, I couldn't give him an answer.

E 다음 문장을 with를 이용한 부대상황 구문으로 바꾸어 쓰시오.

1 I felt asleep, and the TV was on.

→ I felt asleep with _____ _____ _____ .

2 Dad was sitting on the sofa, and he was crossing his arms.

→ Dad was sitting on the sofa with _____ _____ _____ .

3 A man is walking, and his dog is following him.

→ A man is walking with _____ _____ _____ him.

Writing Practice

F 우리말과 같은 뜻이 되도록 주어진 말을 바르게 배열하시오.

1 그는 세계에서 가장 빠른 사람으로 여겨졌었다.

(was, the, to, fastest, thought, be, he, man)

_____ in the world.

2 위층에서 나는 소음 때문에 나는 잠을 잘 수 없었다. (me, sleeping, kept, from)

The noises from upstairs _____ .

3 그 미술 복원가는 2년 동안 그 그림을 복원해오고 있다.

(restoring, the, two, painting, has, for, been, years)

The art restorer _____ .

4 이 고양이는 새끼 고양이 보다 3배나 크다. (time, big, as, three, the, as, kitten, is)

This cat _____ .

UNIT **06** / REVIEW TEST

Vocabulary Practice

A 다음 영영풀이에 알맞은 단어를 골라 쓴 후 우리말 뜻을 쓰시오.

consider	goods	legend	asteroid
surface	mine	soak	opposite

1 completely different _____ _____

2 things produced for sale _____ _____

3 to put something in a liquid _____ _____

4 to think about something carefully _____ _____

5 a very old and popular story _____ _____

6 the outside or top layer of something _____ _____

7 to dig in the ground to get coal, gold, etc. _____ _____

8 a small, rocky body that moves around the sun _____ _____

B 밑줄 친 단어와 비슷한 의미의 단어를 고르시오.

1 Both women <u>claimed</u> that they were the owner of the purse.

　① proved　　　② noticed　　　③ insisted　　　④ decided

2 On a clear night, you can see <u>countless</u> stars.

　① bright　　　② specific　　　③ precious　　　④ numerous

C 빈칸에 들어갈 알맞은 표현을 골라 쓰시오.

according to	was forced to	all at once

1 Did you make the pasta _____ the recipe?

2 Luckily, lots of happy things happened to me _____.

3 The president _____ resign by the people.

D 다음 문장의 빈칸에 들어갈 알맞은 말을 골라 쓰시오.

whenever x 2	wherever	however

1 _____ the weather is good, Tom rides his bike.

2 In Thailand, people were friendly to us _____ we went.

3 My sister never gains weight _____ much she eats.

4 _____ Jeff goes abroad, he takes as many pictures as possible.

E 다음 두 문장을 관계대명사 which를 이용하여 한 문장으로 만드시오.

1 I ate a lot of ice cream. That made me sick.

→ _____

2 She found a new job. That was lucky.

→ _____

3 He put hot sauce on his pizza. I didn't like that.

→ _____

F 우리말과 같은 뜻이 되도록 주어진 말을 바르게 배열하시오.

1 에어컨이 고장 나서 수리해야 한다. (fixed, it, to, needs, be)

The air conditioner is broken, and _____.

2 그는 안에 많은 현금이 든 지갑을 주웠다. (a, cash, it, with, in, wallet, a lot of)

He found _____.

3 우리는 과학 시간에 화석을 만드는 방법을 배웠다. (we, how, fossils, learned, make, to)

_____ in science class.

4 나의 어학 선생님은 내가 영어를 유창하게 말할 수 있도록 도와주었다.

(me, language, helped, English, my, speak, fluently, teacher)

_____

Vocabulary Practice

A 다음 영영풀이에 알맞은 단어를 골라 쓴 후 우리말 뜻을 쓰시오.

germ	relax	method	customer
sight	patient	combination	tempt

1 to rest

_____ _____

2 a way of doing something

_____ _____

3 the ability to see using your eyes

_____ _____

4 someone who buys goods or services

_____ _____

5 someone who is receiving medical treatment

_____ _____

6 two or more things put together

_____ _____

7 a very small living thing that can make you ill

_____ _____

8 to persuade someone to do something by making it seem attractive

_____ _____

B 밑줄 친 단어와 비슷한 의미의 단어를 고르시오.

1 You can <u>purchase</u> tickets on our website.

① sell   ② buy   ③ complain   ④ exchange

2 Thank you very much for your <u>assistance</u> with this matter.

① help   ② opinion   ③ interest   ④ kindness

C 빈칸에 들어갈 알맞은 표현을 골라 쓰시오.

keep away	benefit from	suffering from

1 A blind person can _____ a guide dog.

2 It is dangerous! _____ from the edge of the cliff.

3 Many families are still _____ hunger and poverty.

D 우리말과 같은 뜻이 되도록 **as if**를 이용하여 문장을 완성하시오.

1 나의 부모님은 마치 내가 어린 아이인 것처럼 대하신다.

→ My parents treat me _____ _____ _____ _____ a child.

2 그녀는 마치 원어민인 것처럼 영어를 말한다.

→ She speaks English _____ _____ _____ _____ a native speaker.

3 두 형제는 마치 서로 모르는 것처럼 행동한다.

→ The two brothers act _____ _____ _____ _____ _____ each other.

E 다음 ( ) 안에서 알맞은 접속사를 <u>모두</u> 고르시오.

1 I cut my finger (as, while) I was trying to peel a mango.

2 (When, While) I prefer vegetables, my sister likes meat more.

3 They became good friends (when, while) they were in collage.

4 Some people enjoy swimming (when, while) others are afraid of water.

Writing Practice

F 우리말과 같은 뜻이 되도록 주어진 말을 바르게 배열하시오.

1 그는 은퇴 후에 세계를 여행하며 시간을 보낼 것이다.

(around, spend, the, traveling, time, world)

After his retirement, he will _____.

2 나는 감기에 걸리지 않기 위해 손을 자주 씻는다. (catch, don't, cold, that, I, so, a)

I wash my hands often _____.

3 우리는 그들이 그 비밀을 알게 되는 것을 원치 않는다.

(secret, we, want, the, to, them, know, about, don't)

_____

4 그것은 당신의 친구들과 더 가까워질 수 있는 아주 좋은 방법이다.

(a, closer, it's, great, to, way, get)

_____ to your friends.

UNIT **08** / REVIEW TEST

A 다음 영영풀이에 알맞은 단어를 골라 쓴 후 우리말 뜻을 쓰시오.

decade	vehicle	Arctic	primary
enormous	diameter	thrilling	border

1 most important _____ _____

2 extremely exciting _____ _____

3 a period of ten years _____ _____

4 very big in size or in amount _____ _____

5 a machine that transports people or goods _____ _____

6 the official line that separates two countries _____ _____

7 the area of the world around the North Pole _____ _____

8 the length of a straight line that crosses a circle _____ _____

B 밑줄 친 단어와 비슷한 의미의 단어를 고르시오.

1 What does CEO stand for?

① mean ② expect ③ look for ④ work for

2 The heart surgery was risky, but it ended successfully.

① scary ② difficult ③ important ④ dangerous

C 빈칸에 들어갈 알맞은 표현을 골라 쓰시오.

run out of	make it	have a lot to do with

1 I think we will be able to _____ by tomorrow.

2 Your health can _____ your happiness.

3 The designer seems to have _____ creative ideas.

D 다음 문장을 가정법 과거완료 문장으로 바꾸어 쓰시오.

1 As it rained yesterday, we didn't go hiking.

→ If it _____ _____ _____ yesterday, we would _____

_____ hiking.

2 As you told me, I didn't forget her birthday.

→ If you _____ _____ me, I _____ _____

_____ her birthday.

3 As he didn't win the lottery, he couldn't buy that luxury car.

→ If he _____ _____ the lottery, he _____ _____ _____

that luxury car.

E 다음 문장에서 <u>틀린</u> 부분을 바르게 고치시오.

1 I advised her that she saves money for the future. _____ → _____

2 I demanded that the shop refunded my money. _____ → _____

3 He insisted that everyone is here on time. _____ → _____

4 She recommended that I didn't buy those shoes. _____ → _____

Writing Practice

F 우리말과 같은 뜻이 되도록 주어진 말을 바르게 배열하시오.

1 Mike와 나는 쌍둥이지만, 공통점이 하나도 없다. (nothing, we, in, have, common)

Although Mike and I are twins, _____.

2 그 배우는 파파라치들이 자신의 사진을 찍고 있는 것을 보았다.

(paparazzi, of, saw, pictures, him, taking, the)

The actor _____.

3 사람들은 종종 남아프리카 공화국을 무지개 국가라고 말한다.

(refer, the, to, nation, South Africa, as, rainbow)

People often _____.

4 이 회사는 10년째 장애인들에게 편의시설들을 제공해오고 있다.

(the disabled, convenient, has, facilities, with, provided)

This company _____ for ten years.

MEMO

MEMO

MEMO

MEMO

내신공략! 독해공략!

내공 중학영어독해

● 재미있고 유익한 소재의 **32개 지문**

● 중등 영어교과서 **핵심 문법** 연계

● 내신 대비 **서술형 문항** 강화

● 어휘·문법·구문 복습을 위한 **워크북** 제공

● 내신 기출 유형으로만 구성된 **추가 문항** 제공

온라인 학습자료 www.darakwon.co.kr

• MP3 파일　　　　　　• 단어 리스트
• 단어 테스트　　　　　• Dictation Sheet
• 지문 해석 Worksheet　• Final Test 8회

문제 출제 프로그램 voca.darakwon.co.kr

• 다양한 형태의 단어 테스트 제작·출력 가능

다락원 홈페이지에서 본 교재의 상세 정보와
MP3 파일 및 부가학습 자료를 이용하실 수 있습니다.

MEMO

MEMO